# CONSEILS POUR LES NOUVELLES FEMMES MUSULMANES

## 35 sujets essentiels pour naviguer entre la foi et la vie

# Table des Matières

# Avis de droit d'auteur

# Introduction : emprunter une nouvelle voie

Entrer dans l'islam est une expérience profonde et transformatrice, surtout pour les femmes qui doivent trouver un équilibre délicat entre leur nouvelle foi et les complexités de leur vie personnelle. Ce voyage est un voyage de découverte de soi, de croissance spirituelle et, parfois, de défis importants. En tant que nouvelle musulmane, vous vous demandez peut-être comment intégrer les principes islamiques dans votre vie quotidienne, comment entretenir des relations avec votre famille et vos amis non musulmans et comment établir de nouvelles relations au sein de la communauté musulmane.

Ce livre, « *Conseils pour les nouvelles femmes musulmanes : 35 sujets essentiels pour naviguer entre la foi et la vie* », est conçu pour être une ressource complète pour vous accompagner dans ces transitions. Chaque chapitre aborde des sujets critiques auxquels de nombreuses nouvelles femmes musulmanes sont confrontées, offrant des conseils pratiques, des perspectives spirituelles et des encouragements pour vous aider à construire une base solide dans votre foi. Que vous vous demandiez comment communiquer vos nouvelles croyances à vos proches, comment aborder les pratiques islamiques ou comment faire face aux pressions culturelles et sociales, ce livre vise à vous fournir les conseils dont vous avez besoin.

Le chemin vers l'islam ne se résume pas à l'apprentissage de nouveaux rituels et à l'adoption de pratiques différentes ; il s'agit d'intérioriser un nouveau mode de vie qui touche tous les aspects de votre existence. À travers ces pages, vous trouverez des outils pour vous aider à grandir spirituellement, à maintenir votre bien-être mental et émotionnel et à cultiver des relations saines d'une manière qui respecte votre foi et votre situation particulière.

En vous lançant dans cette aventure, n'oubliez pas que vous n'êtes pas seule. Des milliers de femmes à travers le monde ont suivi un chemin similaire, et leurs expériences, leurs luttes et leurs triomphes témoignent de la force et de la résilience qui accompagnent l'adoption de l'islam. Ce livre est un compagnon pour vous aider à traverser les hauts et les bas, pour vous rassurer dans les moments de doute et pour célébrer avec vous les moments de joie. Bienvenue dans ce nouveau chapitre de votre vie, qu'il soit rempli de paix, de croissance et des bénédictions d'Allah.

# Chapitre 1 : Bienvenue dans l'Islam

Se lancer dans l'Islam est une expérience profonde qui change la vie. En tant que nouvelle musulmane, vous avez franchi une étape importante qui non seulement change le cours de votre vie, mais façonne également votre identité, votre objectif et votre vision du monde. La décision d'embrasser l'Islam s'accompagne souvent d'un mélange d'émotions : joie, paix, enthousiasme et peut-être un peu d'incertitude quant à ce qui vous attend.

Ce chapitre est votre premier pas vers la compréhension du pouvoir transformateur de la foi que vous avez choisie. L'islam, religion de paix et de soumission à la volonté d'Allah, propose un mode de vie complet qui aborde tous les aspects de l'existence, du spirituel au pratique. En commençant à explorer cette nouvelle voie, vous découvrirez peut-être que l'islam n'est pas seulement un ensemble de rituels ou de règles, mais un guide pour vivre une vie équilibrée, épanouissante et pleine de sens.

Cependant, comme tout changement important, la transition vers l'islam peut s'accompagner de défis. Vous pourriez vous retrouver à naviguer dans de nouvelles dynamiques sociales, à apprendre de nouvelles pratiques et à redéfinir votre identité. Ce chapitre vous aidera à comprendre les aspects fondamentaux de votre nouvelle foi, en vous offrant un aperçu de ce que signifie être musulman et de la manière de commencer à intégrer les principes islamiques dans votre vie quotidienne.

N'oubliez pas que le voyage que vous avez entrepris est profondément personnel. C'est un chemin que vous emprunterez à votre propre rythme, avec le soutien d'une communauté mondiale de croyants. Alors que vous vous installez dans ce nouveau mode de vie, soyez patient avec vous-même, recherchez la connaissance et établissez des liens avec d'autres personnes qui peuvent vous apporter soutien et conseils. Votre décision d'embrasser l'islam est le début d'un voyage de toute une vie vers la croissance spirituelle, la paix et l'épanouissement.

Bienvenue dans l'islam – que ce chemin vous rapproche d'Allah et remplisse votre cœur de tranquillité et de joie.

# Chapitre 2 : Établir une relation personnelle avec Allah

S'engager dans le voyage de l'islam implique bien plus que d'adopter de nouvelles pratiques et croyances ; cela nécessite de cultiver une relation profonde et personnelle avec Allah, le Créateur. Pour de nombreuses nouvelles musulmanes, cette relation devient la pierre angulaire de leur foi et une source de force et de réconfort profonds. Établir une relation significative avec Allah peut transformer votre vie spirituelle et vous procurer un sentiment de but et de paix intérieure.

La base de votre relation avec Allah commence par la compréhension de Ses attributs et de la façon dont Il se rapporte à Sa création. Allah est décrit dans le Coran comme étant à la fois proche et lointain, accessible et transcendant, compatissant et juste. Cette dualité reflète Son omniprésence et Sa capacité à comprendre et à répondre aux besoins de chaque individu, aussi grands ou petits soient-ils. Savoir qu'Allah est toujours avec vous, qu'Il écoute vos prières et qu'Il est conscient de vos difficultés peut être profondément réconfortant et stimulant.

Pour établir une relation personnelle avec Allah, il est essentiel de s'approcher de Lui avec sincérité et humilité. Cela commence par la pratique du *Tawbah* (repentir), où vous recherchez le pardon pour vos erreurs passées et vous efforcez de purifier votre cœur. Le repentir n'est pas seulement un rituel, mais un processus sincère de retour à Allah et d'expression de remords sincères pour vos méfaits. Par le repentir, vous réaffirmez votre engagement à suivre Ses conseils et à vous efforcer de vous améliorer.

Établir une connexion avec Allah implique également de prier régulièrement et consciencieusement. La Salat, les cinq prières quotidiennes, n'est pas seulement une obligation rituelle, mais une ligne de communication directe avec votre Créateur. Chaque prière est une occasion d'exprimer votre gratitude, de rechercher des conseils et de réfléchir à votre relation avec Allah. Il est important d'accomplir ces prières avec dévotion et présence, en vous concentrant sur leur signification et les sentiments qu'elles évoquent. Permettez à chaque prière d'être un moment de réconfort et un rappel de votre lien avec Allah.

En plus des prières obligatoires, faire des *Duas* (supplications) est un élément essentiel pour entretenir votre relation avec Allah. Le Dua est une conversation personnelle et directe avec Allah où vous pouvez demander Son aide, Ses conseils et Ses bénédictions. Contrairement aux prières formelles, le Dua peut être fait dans n'importe quelle langue et à tout moment. Cette flexibilité vous permet d'exprimer ouvertement vos pensées et vos désirs les plus profonds. Faire régulièrement des Duas vous aide à vous sentir plus proche d'Allah et renforce votre confiance en Sa sagesse et Sa miséricorde.

Un autre aspect important du développement d'une relation personnelle avec Allah est la lecture et la réflexion sur le Coran. Le Coran est la source ultime de conseils et de sagesse pour les musulmans, offrant des aperçus sur la volonté d'Allah et la manière de vivre une vie vertueuse. En tant que nouveau musulman, prenez le temps de lire et de comprendre le Coran, en commençant par des traductions et des explications si nécessaire. Réfléchissez à ses versets, cherchez à comprendre leur signification et réfléchissez à la manière dont ils s'appliquent à votre vie. Une lecture régulière du Coran approfondira votre connexion spirituelle et vous apportera clarté et direction.

En plus de ces pratiques, efforcez-vous d'incarner les enseignements de l'islam dans votre vie quotidienne. L'islam met l'accent sur l'importance d'un bon caractère et d'une bonne conduite, comme l'honnêteté, la gentillesse et la patience. En vivant selon ces valeurs, vous alignez vos actions sur votre foi et démontrez votre dévotion à Allah. Cet alignement entre croyance et action renforce votre relation avec Allah et sert de reflet de votre engagement intérieur envers Sa guidance.

Construire une relation avec Allah implique également de chercher à connaître et à comprendre l'islam. Apprendre des choses sur cette religion vous aide à apprécier ses enseignements et à les intégrer dans votre vie. Assistez à des cours, lisez des livres et discutez avec des personnes bien informées qui peuvent vous offrir des conseils et du soutien. Plus vous apprendrez, plus vous comprendrez la profondeur et la richesse de votre foi, renforçant ainsi votre lien avec Allah.

De plus, s'engager dans des actes d'adoration au-delà des actes obligatoires peut approfondir davantage votre relation avec Allah. Les prières volontaires, la lecture des hadiths (paroles du prophète Mahomet) et la participation à des activités communautaires sont des moyens d'enrichir votre vie spirituelle. Ces pratiques vous permettent d'exprimer votre amour pour Allah et de rechercher Son agrément dans divers aspects de votre vie.

Il est également essentiel de se rappeler que construire une relation avec Allah est un processus graduel. Cela exige de la patience, de la persévérance et un cœur ouvert. Il y aura des moments de lutte et de doute, mais ces défis font partie du voyage. Acceptez-les comme des opportunités de croissance et d'apprentissage. Ayez confiance dans le plan d'Allah et dans sa sagesse, et rappelez-vous que chaque effort que vous faites pour vous rapprocher de Lui est valorisé et récompensé.

Enfin, s'entourer d'une communauté musulmane qui vous soutient peut avoir un impact significatif sur votre croissance spirituelle. Faire partie d'une communauté offre des encouragements, des expériences partagées et des occasions de culte collectif. Engagez-vous avec d'autres croyants, demandez-leur conseil et partagez votre parcours. Une communauté forte offre à la fois un soutien pratique et une motivation spirituelle, vous aidant à rester engagé dans votre foi.

En conclusion, établir une relation personnelle avec Allah est au cœur du cheminement islamique. Cela implique un repentir sincère, des prières régulières, des supplications sincères et un engagement profond envers le Coran. En incarnant les valeurs islamiques, en recherchant la connaissance et en participant à des actes d'adoration, vous construisez une connexion forte et durable avec votre Créateur. Cette relation est une source de force, de conseils et de paix, vous aidant à traverser les complexités de la vie avec foi et résilience. Embrassez ce voyage avec un cœur ouvert et ayez confiance qu'Allah vous guide et vous soutient à chaque étape du chemin.

# Chapitre 3 : Comprendre le Coran

Le Coran est la pierre angulaire de la foi et de la pratique islamiques. Il offre des conseils, de la sagesse et un aperçu de la nature de l'existence et du but de la vie. Pour les nouvelles musulmanes, la compréhension du Coran est non seulement essentielle à la croissance spirituelle, mais aussi à l'intégration des principes islamiques dans la vie quotidienne. Ce chapitre propose une introduction au Coran, explorant sa signification, sa structure et la manière d'aborder son étude de manière efficace.

Le Coran est considéré comme la parole littérale d'Allah, révélée au prophète Mahomet (que la paix et les bénédictions de Dieu soient sur lui) sur une période de 23 ans. Il constitue la source ultime de conseils pour les musulmans, englobant un large éventail de sujets, notamment la théologie, la morale et les lois pratiques. Contrairement à d'autres textes religieux, le Coran est à la fois un guide spirituel et juridique, offrant des instructions sur le culte, l'éthique et la conduite interpersonnelle.

L'un des aspects clés de la compréhension du Coran est de reconnaître sa structure et son organisation. Le Coran est divisé en 114 chapitres, appelés sourates, qui varient en longueur et couvrent différents thèmes. Ces sourates sont elles-mêmes divisées en versets, ou ayahs, qui transmettent des messages ou des lois spécifiques. L'organisation du Coran n'est pas chronologique mais plutôt thématique, certains chapitres se concentrant sur des questions juridiques, tandis que d'autres mettent l'accent sur les histoires des prophètes précédents, les enseignements moraux ou les réflexions sur la création.

Pour aborder le Coran de manière efficace, il est important de commencer par comprendre ses principaux thèmes et objectifs. Le Coran aborde les croyances fondamentales de l'islam, notamment l'unicité d'Allah, la finalité de la prophétie de Mahomet (PSL) et le Jour du Jugement. Il fournit des conseils détaillés sur la manière de vivre une vie qui plaise à Allah, notamment des instructions sur l'adoration, la conduite éthique et la justice sociale.

Une façon pratique de se familiariser avec le Coran est de commencer par lire sa traduction. Pour ceux qui ne maîtrisent pas l'arabe, la lecture d'une traduction du Coran peut aider à saisir sa signification et son contexte. Choisissez une traduction à la fois précise et accessible, et envisagez de lire un commentaire ou un Tafsir, qui fournit des explications et des interprétations des versets. Le Tafsir peut offrir des informations précieuses sur le contexte historique et culturel des révélations coraniques, aidant à comprendre leur pertinence et leur application.

En lisant le Coran, il est utile de l'aborder avec réflexion et contemplation. Chaque verset du Coran a plusieurs niveaux de signification et peut offrir des conseils sur divers aspects de la vie. Prenez le temps de méditer sur les versets et de considérer comment ils se rapportent à votre situation et à vos expériences personnelles. Réfléchir aux enseignements du Coran vous aide à intérioriser ses messages et à les intégrer dans votre vie quotidienne.

En plus de la lecture et de la réflexion, la mémorisation de parties du Coran peut être une pratique enrichissante. De nombreux musulmans cherchent à mémoriser l'intégralité du Coran, mais même la mémorisation de petites sections peut renforcer votre lien avec le texte et ses enseignements. Fixez-vous des objectifs réalisables et utilisez des aides à la mémorisation telles que la répétition, l'écoute de récitations et la révision régulière. La mémorisation renforce non seulement votre familiarité avec le Coran, mais facilite également son application et sa compréhension.

L'étude systématique du Coran peut également être bénéfique. Pensez à réserver des moments spécifiques pour l'étude du Coran, soit individuellement, soit en groupe. La participation à des cercles ou à des cours d'étude du Coran peut apporter structure et soutien, ainsi que des occasions de discussion et de questions. Le fait de s'engager avec d'autres personnes qui étudient également le Coran peut offrir de nouvelles perspectives et de nouvelles idées, rendant le processus d'apprentissage plus enrichissant et dynamique.

Il est également important d'aborder le Coran avec un cœur et un esprit ouverts. Le Coran est un texte vivant qui continue de s'adresser à chaque génération et à chaque individu de manière unique. Soyez ouvert à ses messages et laissez ses enseignements façonner vos pensées et vos actions. Considérez le Coran non seulement comme un document historique, mais aussi comme une source permanente de conseils et d'inspiration.

En plus de l'étude personnelle, l'intégration du Coran dans la vie quotidienne est un moyen pratique de rester en contact avec ses enseignements. Réfléchissez aux versets coraniques au cours de vos activités quotidiennes et essayez de mettre en pratique ses conseils dans vos interactions avec les autres. Le Coran encourage les musulmans à mener une vie de bonté, de justice et d'intégrité, et l'intégration de ses principes dans vos actions renforce votre relation avec Allah et améliore votre développement personnel.

En résumé, la compréhension du Coran est un aspect fondamental de votre parcours islamique. Commencez par vous familiariser avec sa structure, ses thèmes et ses traductions, puis abordez son étude avec réflexion, contemplation et sincérité. Mémoriser des parties du Coran et l'étudier systématiquement peut approfondir votre connexion avec ses enseignements. En intégrant les conseils du Coran dans votre vie quotidienne, vous vous alignez plus étroitement avec ses principes et améliorez votre développement spirituel et personnel. Le Coran est une source de sagesse profonde et intemporelle, offrant une direction, un réconfort et une inspiration pour chaque aspect de votre vie.

# Chapitre 4 : Le rôle de la Sunna

La Sunna, les pratiques, les paroles et les approbations du prophète Mahomet (que la paix et les bénédictions de Dieu soient sur lui), jouent un rôle crucial dans la vie d'un musulman. Elle complète et éclaire les enseignements du Coran, offrant des conseils pratiques sur la façon de vivre selon les principes islamiques. Pour les nouvelles musulmanes, la compréhension et la mise en œuvre de la Sunna peuvent apporter clarté et orientation dans divers aspects de la vie, des routines quotidiennes aux pratiques spirituelles.

La Sunna fait partie intégrante de l'islam car elle incarne l'application pratique des enseignements coraniques. Alors que le Coran fournit les principes fondamentaux et les commandements de l'islam, la Sunna montre comment ces principes sont mis en pratique. Le prophète Mahomet (que la paix et les bénédictions de Dieu soient sur lui) est un modèle idéal pour les musulmans, et ses actions et ses paroles sont un exemple clair de la manière d'incarner les valeurs islamiques dans la vie quotidienne.

La Sunnah couvre un large éventail de domaines, notamment le culte, l'éthique, les interactions sociales et la conduite personnelle. Elle offre des conseils détaillés sur la manière d'accomplir des actes de culte tels que la prière, le jeûne et le pèlerinage, en clarifiant leur bonne exécution et leur signification. Par exemple, la Sunnah détaille les actions et les invocations spécifiques associées à chacune des cinq prières quotidiennes, améliorant ainsi la compréhension et la pratique de la Salah (prière).

En outre, la Sunnah aborde les questions de la vie quotidienne et donne des conseils sur des sujets tels que l'hygiène, l'alimentation et les relations interpersonnelles. Les conseils du Prophète (saw) sur des questions telles que la propreté personnelle, les habitudes alimentaires et le traitement des membres de la famille reflètent l'approche holistique de l'islam en matière de conduite personnelle et sociale. En suivant ces pratiques, les nouvelles musulmanes peuvent aligner leur vie quotidienne sur les valeurs et l'éthique prescrites par l'islam.

L'un des aspects les plus importants de la Sunnah est son rôle dans l'interprétation et la contextualisation du Coran. Alors que le Coran fournit le cadre général de la loi et des directives islamiques, la Sunnah offre des exemples et des explications spécifiques qui aident à clarifier son application. Par exemple, le Coran ordonne aux croyants de donner la zakat (aumône), mais c'est la Sunnah qui fournit des détails sur les types d'aumônes, leur montant et leur distribution.

L'étude de la Sunnah implique l'examen des Hadith, les paroles et actions enregistrées du Prophète Muhammad (PSL). La littérature sur les Hadith est vaste et elle est classée en différents niveaux d'authenticité, allant de Sahih (authentique) à Da'if (faible). Comprendre les classifications des Hadith et consulter des sources fiables peut vous aider à vous assurer que les pratiques que vous suivez sont basées sur des enseignements authentiques. Le fait de collaborer avec des érudits et des ressources spécialisées dans les Hadith peut vous apporter des informations et des conseils plus approfondis.

Intégrer la Sunnah dans votre vie requiert de la réflexion et de l'intentionnalité. Commencez par identifier les domaines clés dans lesquels la Sunnah peut améliorer votre pratique de l'islam. Par exemple, adopter les manières de saluer du Prophète (paix sur lui), comme l'expression « As-salamu alaykum » (que la paix soit sur vous), peut favoriser un sentiment de communauté et de bonne volonté. De même, adopter ses recommandations en matière d'invocations quotidiennes et de conduite personnelle peut vous aider à intégrer les valeurs islamiques dans votre routine.

De plus, la Sunnah met l'accent sur l'importance du caractère et de la conduite. Le Prophète Mohammed (saw) est réputé pour son caractère exemplaire et ses interactions avec les autres reflètent les valeurs fondamentales de l'islam telles que l'honnêteté, la patience et la compassion. Efforcez-vous d'imiter son comportement dans vos interactions avec votre famille, vos amis et vos collègues. En incarnant ces vertus, non seulement vous honorez la Sunnah, mais vous contribuez également à un environnement plus harmonieux et éthique.

Un autre aspect de la Sunnah est de comprendre son application dans différents contextes. Les enseignements du Prophète (saw) ont été donnés dans des contextes historiques et culturels spécifiques, et bien que ses enseignements soient intemporels, leur application peut varier en fonction des circonstances contemporaines. Il est important d'aborder la Sunnah avec un équilibre entre l'adhésion et la compréhension contextuelle, en veillant à ce que sa mise en œuvre soit pertinente et efficace dans le monde d'aujourd'hui.

Étudier la vie du prophète Mahomet (que la paix et les bénédictions de Dieu soient sur lui) à travers des biographies ou des ouvrages de Sira peut fournir des informations précieuses sur le contexte et la signification de ses actions et de ses paroles. Ces ressources proposent des récits détaillés de sa vie, y compris ses défis, ses décisions et ses interactions, vous aidant à mieux comprendre comment la Sunnah était vécue et mise en œuvre.

En résumé, la Sunnah est un élément essentiel de la pratique islamique, offrant des conseils pratiques et un modèle de vie selon les enseignements du Coran. Pour les nouvelles musulmanes, comprendre et appliquer la Sunnah implique d'étudier les hadiths, d'imiter le comportement du Prophète (paix sur lui) et de contextualiser ses conseils dans des contextes contemporains. En intégrant la Sunnah dans votre vie quotidienne, vous enrichissez votre compréhension de l'islam et améliorez votre croissance spirituelle et personnelle. La Sunnah, en tant qu'exemple vivant des principes islamiques, fournit un cadre précieux pour naviguer dans les complexités de la vie tout en restant fidèle à l'essence de votre foi.

# Chapitre 5 : Le pouvoir du Dua (supplication)

Le dua, ou supplication, est une pratique profondément personnelle et profonde de l'islam qui relie le croyant directement à Allah. C'est l'un des outils les plus puissants dont disposent les musulmans, leur permettant de rechercher des conseils, d'exprimer leurs besoins et de trouver du réconfort. Pour les nouvelles musulmanes, comprendre et utiliser le pouvoir du dua peut grandement améliorer leur cheminement spirituel et leur relation avec Allah.

Le dua est un acte d'adoration qui va au-delà des simples demandes. C'est une conversation sincère avec Allah, où vous exprimez vos pensées, vos désirs et vos préoccupations les plus intimes. Contrairement aux prières formelles, le dua peut être fait dans n'importe quelle langue et à tout moment, offrant un moyen de communication flexible et intime avec votre Créateur. Cette connexion personnelle est au cœur de la pratique du dua, reflétant la confiance et la dépendance profondes envers Allah.

Le pouvoir du Dua repose sur plusieurs aspects clés. Tout d'abord, il s'agit d'une expression d'humilité et de soumission. En faisant un Dua, vous reconnaissez votre dépendance à Allah et votre reconnaissance de Sa souveraineté et de Sa capacité à exaucer vos demandes. Cet acte d'humilité renforce votre relation avec Allah et approfondit votre conscience spirituelle.

Deuxièmement, le Dua est un moyen de chercher des conseils et de la clarté. Dans les moments d'incertitude ou de prise de décision, se tourner vers Allah par le Dua peut apporter une orientation et une perspicacité. Cela vous permet de rechercher la sagesse d'Allah et de demander Son soutien pour faire des choix qui correspondent à votre foi et à vos valeurs. Cette orientation n'est pas toujours immédiate ou explicite, mais se manifeste souvent par un sentiment de paix et de compréhension.

La pratique du dou'a reflète également l'espoir et la foi du croyant en la miséricorde et la puissance d'Allah. Le Coran souligne qu'Allah est proche et réceptif à ceux qui L'invoquent. Dans la sourate Al-Baqarah (2:186), Allah dit : « Et lorsque Mes serviteurs t'interrogent à Mon sujet, Je suis proche. Je réponds à l'invocation de celui qui M'invoque. » Ce verset souligne l'assurance qu'Allah écoute et répond à vos supplications, renforçant l'importance de faire du dou'a avec sincérité et conviction.

Pour intégrer efficacement les invocations dans votre vie quotidienne, commencez par en faire une pratique régulière. Réservez des moments précis pour les invocations, par exemple avant ou après les prières, pendant les moments de solitude ou en cas de besoin. La régularité dans la pratique des invocations aide à maintenir une connexion continue avec Allah et renforce l'habitude de se tourner vers Lui pour obtenir du soutien et des conseils.

De plus, soyez attentif à l'étiquette et aux éléments de la prière. Commencez par louer et remercier Allah, en reconnaissant Ses attributs et en exprimant vos remerciements pour Ses bénédictions. Cette approche permet d'établir un ton respectueux et de reconnaître le rôle d'Allah dans votre vie. Après avoir formulé vos demandes, concluez avec un sentiment de confiance dans la sagesse et le timing d'Allah. N'oubliez pas que la réponse d'Allah à une prière n'est pas toujours immédiate ou de la manière exacte que vous attendez, mais Ses réponses sont toujours dans le meilleur intérêt du croyant.

Incorporez des duas spécifiques à votre pratique qui abordent divers aspects de votre vie. Le Prophète Muhammad (PSL) a enseigné de nombreux duas pour différentes occasions et besoins, allant des demandes personnelles aux supplications pour la santé, le succès et la protection. Familiarisez-vous avec ces duas et utilisez-les pour enrichir vos supplications. De plus, n'hésitez pas à faire des duas spontanés dans vos propres mots, en exprimant vos besoins et vos sentiments uniques.

Un autre aspect important du Dua est la patience et la persévérance. S'il est essentiel de faire le Dua avec sincérité, il est tout aussi important de rester patient et constant, en ayant confiance que le timing d'Allah est parfait. Le processus de faire le Dua est en soi une forme d'adoration et de dévotion, reflétant votre confiance continue en Allah et votre engagement à rechercher Sa guidance.

Intégrer le Dua dans votre vie implique également de réfléchir à son impact. Observez comment faire du Dua influence vos pensées, vos sentiments et vos décisions. Remarquez comment cela affecte votre sentiment de paix, de confiance et de connexion avec Allah. Cette réflexion peut renforcer la pratique du Dua et vous aider à apprécier son rôle dans votre cheminement spirituel.

Enfin, n'oubliez pas que les duas ne se limitent pas à des demandes personnelles. Ils peuvent également être un moyen d'intercéder pour les autres, en demandant à Allah de bénir, de guider et de protéger ceux qui vous sont chers. Faire des duas pour vos proches et pour la communauté au sens large reflète la compassion et un sentiment d'interdépendance, renforçant les valeurs d'empathie et de solidarité en Islam.

En résumé, le Dua est une pratique puissante et intime qui vous connecte directement à Allah, vous permettant de rechercher des conseils, d'exprimer vos besoins et de trouver du réconfort. En intégrant le Dua dans votre vie quotidienne, en respectant son étiquette et en acceptant son importance, vous renforcez votre connexion spirituelle avec Allah et améliorez votre bien-être général. La pratique du Dua reflète l'humilité, la foi et la confiance dans la sagesse d'Allah, ce qui en fait un élément central d'une vie islamique épanouissante et pleine de sens.

# Chapitre 6 : Développer la confiance en soi dans votre nouvelle identité

Adopter une nouvelle identité en tant que femme musulmane est une expérience à la fois profonde et transformatrice. Cela implique non seulement d'adopter de nouvelles croyances et pratiques, mais aussi de les intégrer à votre identité personnelle et sociale. Développer la confiance en soi dans ce nouveau rôle est essentiel pour relever les défis et saisir les opportunités qui accompagnent votre parcours de foi. Ce chapitre explore comment cultiver la confiance en soi tout en restant fidèle à votre nouvelle identité islamique.

Le chemin vers la confiance en soi commence par l'acceptation de soi. Accepter et embrasser votre nouvelle identité de musulman est fondamental pour développer la confiance. Cela implique de reconnaître la valeur de votre foi et de comprendre comment elle enrichit votre vie. Reconnaissez que la conversion à l'islam est une décision courageuse et significative, et soyez fier des mesures que vous avez prises pour vous aligner sur vos croyances. L'acceptation de soi contribue à renforcer votre sens du but et votre engagement envers votre foi.

L'éducation joue un rôle important dans le développement de la confiance en soi. Plus vous en apprendrez sur l'islam, plus vous vous sentirez en sécurité dans votre identité. Étudiez le Coran, la Sunna et l'histoire de l'islam pour acquérir une compréhension plus approfondie de votre foi. La connaissance vous permet de répondre à des questions, de participer à des discussions et de prendre des décisions éclairées. Assister à des cours, rejoindre des groupes d'étude et échanger avec des personnes bien informées peut également améliorer votre compréhension et votre confiance.

Un autre aspect important pour renforcer la confiance en soi est de comprendre et d'adopter les aspects positifs des pratiques islamiques.

L'islam encourage la modestie, la gentillesse et la croissance personnelle. Adoptez ces valeurs comme des atouts qui contribuent à votre bien-être et à vos interactions sociales. Par exemple, pratiquer la modestie dans votre tenue vestimentaire et votre comportement peut être une source d'assurance, reflétant votre engagement envers vos valeurs et renforçant votre estime de soi.

Gérer les relations et les interactions sociales dans votre nouveau rôle peut être difficile. Il est essentiel d'aborder ces interactions avec confiance et clarté. Communiquez vos croyances et vos pratiques ouvertement et respectueusement avec votre famille, vos amis et vos collègues. Expliquez les raisons qui vous ont poussé à embrasser l'islam et expliquez comment cela a un impact positif sur votre vie. Une communication efficace permet de dissiper les malentendus et favorise le respect mutuel, renforçant ainsi votre confiance en votre nouvelle identité.

Se fixer des objectifs personnels et s'efforcer de se développer est une autre façon de renforcer sa confiance en soi. Identifiez les domaines dans lesquels vous souhaitez évoluer spirituellement, académiquement ou professionnellement et fixez-vous des objectifs réalistes pour les atteindre. Travailler à la réalisation de ces objectifs renforce votre sentiment d'accomplissement et de compétence. Célébrez vos réalisations, aussi petites soient-elles, car elles contribuent à votre confiance générale et à votre estime de soi.

Il est également important de vous entourer d'une communauté qui vous soutient. Faire partie d'une communauté musulmane vous apporte encouragement, camaraderie et expériences partagées. Engagez-vous avec d'autres personnes qui partagent votre foi, participez aux activités communautaires et recherchez du soutien lorsque vous en avez besoin. Un réseau de soutien solide peut renforcer votre confiance et vous procurer un sentiment d'appartenance et de validation.

Surmonter les difficultés et les échecs est une étape naturelle du développement de la confiance en soi. Sachez que vous rencontrerez peut-être des difficultés et des obstacles au cours de votre évolution dans votre nouvelle identité, mais ces défis sont des opportunités de croissance. Abordez les échecs avec résilience et un état d'esprit positif, en tirant les leçons de chaque expérience et en les utilisant pour renforcer votre détermination. N'oubliez pas que le développement de la confiance en soi est un processus graduel et que la persévérance est essentielle.

Prendre soin de soi et faire preuve d'autocompassion est essentiel pour conserver sa confiance en soi. Prenez le temps de prendre soin de votre bien-être physique, émotionnel et spirituel. Pratiquez des activités qui vous procurent joie et détente, et recherchez du soutien lorsque vous vous sentez dépassé. Prendre soin de soi permet de maintenir un équilibre sain et de renforcer une image positive de soi, contribuant ainsi à votre confiance en soi.

Réfléchissez régulièrement à vos réalisations et à vos progrès. Tenir un journal ou documenter vos expériences peut vous aider à reconnaître votre croissance et votre développement. Réfléchir à votre parcours vous permet d'apprécier vos réalisations et de reconnaître l'impact positif de votre foi sur votre vie.

Enfin, ayez confiance dans le plan d'Allah et recherchez Sa direction. La confiance ne se limite pas à la capacité personnelle, mais concerne également la sagesse et le soutien d'Allah. Faites des duas pour obtenir force et conseils, et comptez sur votre foi pour vous donner la confiance et la résilience nécessaires pour traverser votre voyage. Ayez confiance que le plan d'Allah pour vous est déterminé et qu'Il vous guide et vous soutient à chaque étape du chemin.

En résumé, pour renforcer votre confiance en vous-même dans votre nouvelle identité de femme musulmane, vous devez vous accepter, vous éduquer et adopter les valeurs islamiques. Une communication efficace, la définition d'objectifs et une communauté solidaire jouent également un rôle crucial. Surmonter les défis avec résilience, prendre soin de soi et réfléchir à vos progrès contribuent également à votre confiance. Faire confiance à la direction d'Allah et rechercher son soutien renforce votre confiance et vous aide à parcourir votre chemin avec assurance et grâce. Embrasser votre nouvelle identité avec confiance vous permet de vivre pleinement la richesse et l'épanouissement de votre foi.

# Chapitre 7 : La gestion du temps pour une vie équilibrée

Une gestion efficace du temps est essentielle pour équilibrer les différents aspects de la vie d'une nouvelle musulmane. Intégrer les pratiques islamiques dans votre routine quotidienne, assumer vos responsabilités personnelles et familiales et poursuivre votre croissance personnelle nécessitent une planification et une organisation réfléchies. Ce chapitre explore des stratégies pour gérer efficacement votre temps afin de parvenir à une vie équilibrée et épanouissante.

La première étape d'une gestion efficace du temps consiste à établir des priorités claires. Identifiez les domaines clés de votre vie qui nécessitent une attention particulière, notamment les obligations religieuses, le développement personnel, les responsabilités familiales et les soins personnels. Comprendre ce qui est le plus important vous aide à répartir votre temps en conséquence et à vous assurer d'aborder chaque domaine avec l'attention appropriée. Par exemple, donnez la priorité aux prières quotidiennes et à l'étude du Coran tout en consacrant du temps aux activités familiales et aux intérêts personnels.

Créer un emploi du temps structuré est une façon pratique de gérer votre temps efficacement. Élaborez un plan quotidien ou hebdomadaire qui décrit vos tâches, vos engagements et vos objectifs. Utilisez des outils tels que des agendas, des calendriers ou des applications numériques pour organiser votre emploi du temps. Incluez des plages horaires pour les prières, les études, le travail et les loisirs. Un emploi du temps bien organisé vous aide à rester sur la bonne voie, à réduire le stress et à vous assurer de consacrer du temps à tous les aspects de votre vie.

Intégrez les pratiques islamiques à votre emploi du temps pour maintenir une concentration spirituelle. Prévoyez des moments précis pour les prières quotidiennes, la récitation du Coran et les duas.

Intégrez ces pratiques de manière transparente à votre routine, afin qu'elles deviennent des éléments naturels et cohérents de votre journée. Par exemple, envisagez d'utiliser les heures du matin ou du soir pour étudier et réfléchir au Coran, en alignant ces activités sur votre emploi du temps personnel.

Une gestion efficace du temps implique également de fixer des objectifs réalisables et de gérer les attentes. Divisez les objectifs les plus importants en tâches plus petites et gérables et fixez des délais réalistes pour chacune d'elles. Cette approche permet d'éviter de se sentir dépassé et de suivre progressivement vos progrès. Célébrez vos réalisations et ajustez vos objectifs selon vos besoins, en gardant un état d'esprit flexible pour vous adapter aux changements de vos priorités ou de votre situation.

La gestion du temps nécessite également de gérer les distractions et de rester concentré. Identifiez les distractions courantes qui perturbent votre productivité, comme les réseaux sociaux, le fait de regarder la télévision de manière excessive ou les espaces de travail désorganisés. Mettez en œuvre des stratégies pour minimiser ces distractions, comme fixer des heures spécifiques pour consulter les réseaux sociaux ou créer un espace de travail dédié. Rester concentré sur vos tâches améliore votre efficacité et vous aide à tirer le meilleur parti de votre temps.

Intégrez du temps à votre emploi du temps pour prendre soin de vous et vous détendre. Pour trouver un équilibre entre travail, pratiques religieuses et responsabilités personnelles, il est essentiel de maintenir votre bien-être physique et émotionnel. Prévoyez du temps pour des activités qui vous ressourcent, comme l'exercice, les loisirs ou passer du temps avec vos proches. En accordant la priorité aux soins personnels, vous maintenez un équilibre sain et évitez l'épuisement professionnel.

Déléguez les tâches et demandez de l'aide si nécessaire. La gestion du temps ne consiste pas à tout faire soi-même, mais à gérer efficacement les responsabilités. Partagez les tâches ménagères avec les membres de votre famille, demandez de l'aide à des amis ou à des membres de votre communauté et envisagez d'externaliser les tâches si possible. Déléguer des tâches vous permet de vous concentrer sur les domaines dans lesquels vous pouvez avoir le plus d'impact et réduit le fardeau de tout gérer par vous-même.

Révisez et ajustez régulièrement votre emploi du temps en fonction de l'évolution des priorités et des engagements. Évaluez régulièrement vos stratégies de gestion du temps pour vous assurer qu'elles correspondent à vos objectifs et à votre mode de vie. Faites les ajustements nécessaires pour tenir compte de nouvelles responsabilités, de changements dans votre routine ou de votre croissance personnelle. La flexibilité est essentielle pour maintenir l'équilibre et s'adapter aux exigences changeantes de votre vie.

Réfléchissez à vos pratiques de gestion du temps et à leur impact sur votre bien-être général. Réfléchissez à l'efficacité avec laquelle vous équilibrez vos obligations religieuses, votre croissance personnelle et vos responsabilités familiales. Réfléchissez aux domaines dans lesquels vous pourriez avoir besoin d'améliorer ou d'ajuster votre approche. Une introspection régulière vous aide à rester en phase avec vos objectifs et à vous assurer que vous gérez votre temps de manière à favoriser une vie équilibrée et épanouissante.

Enfin, recherchez les conseils et le soutien d'Allah. Faites des duas pour obtenir de l'aide afin de gérer efficacement votre temps et d'atteindre un équilibre dans votre vie. Faites confiance à la sagesse d'Allah et demandez Son aide pour hiérarchiser vos tâches et vos responsabilités. Fiez-vous à votre foi pour vous fournir la force et la clarté nécessaires pour naviguer dans votre vie quotidienne avec détermination et intention.

En résumé, une gestion efficace du temps pour une vie équilibrée implique de fixer des priorités claires, de créer un emploi du temps structuré et d'intégrer les pratiques islamiques à votre routine. Se fixer des objectifs réalisables, gérer les distractions et donner la priorité aux soins personnels sont essentiels pour maintenir l'équilibre. Déléguez des tâches, révisez et ajustez régulièrement votre emploi du temps et demandez conseil à Allah. En gérant votre temps efficacement, vous pouvez parvenir à une vie épanouissante et équilibrée qui honore votre foi et soutient votre croissance personnelle.

# Chapitre 8 : La pudeur et le hijab

La pudeur et le port du hijab sont des aspects fondamentaux de l'identité et des valeurs islamiques. Pour les nouvelles musulmanes, comprendre l'importance de ces pratiques et les intégrer dans la vie quotidienne est une étape importante dans l'incarnation des principes islamiques. Ce chapitre explore les concepts de pudeur et de hijab, offrant des conseils sur la façon d'adopter et de mettre en œuvre ces aspects de la foi avec confiance et grâce.

La pudeur, ou *haya* , est une valeur fondamentale de l'islam qui va au-delà de la tenue vestimentaire pour englober le comportement, la parole et les interactions. Elle reflète un sens du respect de soi-même et des autres, ainsi qu'un engagement à maintenir la dignité et l'intégrité. Dans le Coran, Allah souligne l'importance de la pudeur chez les hommes comme chez les femmes. Pour les femmes, la pudeur s'exprime à la fois par les vêtements et la conduite, en guidant les interactions et la présentation personnelle.

Le hijab, terme couramment utilisé pour désigner le foulard porté par les femmes musulmanes, est une expression de pudeur. Bien que le hijab soit un symbole visible, sa signification va au-delà de la simple apparence. Il représente un engagement envers les valeurs islamiques et un désir de vivre en accord avec les commandements d'Allah. Le port du hijab est un choix personnel et le reflet de la foi et du dévouement à la pudeur de chacun.

Il est essentiel de comprendre les principes qui sous-tendent le port du hijab pour l'intégrer à votre vie en toute confiance. Le Coran aborde le concept de pudeur et de couverture du corps dans plusieurs versets, notamment la sourate An-Nur (24:31), qui demande aux femmes croyantes de « préserver leur pudeur » et de « rabattre leur voile sur leur poitrine ». Le hijab n'est pas seulement un vêtement, mais une manifestation de ce concept plus large de pudeur.

Lorsque vous adoptez le hijab, commencez par comprendre les différents styles et pratiques culturelles qui lui sont associés. Le hijab peut être porté de différentes manières, selon les préférences personnelles et les influences culturelles. Explorez différents styles et trouvez celui qui vous met à l'aise et en confiance. L'objectif est de choisir un style qui correspond à vos valeurs tout en vous permettant de vous exprimer de manière authentique.

L'intégration du hijab dans votre vie quotidienne implique des considérations pratiques et des ajustements. Commencez par intégrer progressivement le hijab à votre routine, en commençant par des environnements familiers et en l'élargissant progressivement à d'autres environnements. Accordez-vous du temps pour vous adapter et demandez l'aide d'autres femmes musulmanes qui portent le hijab. Leurs expériences et leurs conseils peuvent vous apporter des informations et des encouragements précieux.

Il est important de savoir répondre aux éventuelles difficultés et réactions des autres. Vous pourriez être confrontée à des questions, des malentendus ou même des réactions négatives de la part de personnes qui ne connaissent pas les pratiques islamiques. Abordez ces situations avec patience et grâce. Saisissez les occasions d'éduquer les autres sur l'importance du hijab et son rôle dans votre foi. En gardant une attitude positive et en articulant vos raisons, vous pouvez contribuer à favoriser la compréhension et le respect.

La pudeur ne se limite pas au hijab et englobe le comportement et les interactions avec les autres. Adoptez les principes de la pudeur dans vos paroles, vos actions et vos relations. Faites preuve d'humilité, de gentillesse et de respect dans vos interactions, en reflétant les valeurs de l'islam dans tous les aspects de votre vie. Cette approche holistique de la pudeur renforce l'impact du port du hijab et votre engagement envers les principes islamiques.

Intégrer la pudeur et le hijab dans votre vie personnelle et professionnelle peut nécessiter une réflexion et une planification réfléchies. Dans un cadre professionnel, par exemple, trouvez des moyens de conserver votre tenue pudique tout en respectant les codes vestimentaires ou les exigences en matière d'uniforme. Recherchez des environnements et des lieux de travail favorables qui respectent et s'adaptent aux pratiques islamiques. Il est possible de trouver un équilibre entre la pudeur et les attentes professionnelles grâce à une planification minutieuse et à une communication ouverte.

Réfléchissez à l'importance personnelle du port du hijab et de la pudeur. Réfléchissez à la façon dont ces pratiques renforcent votre sens de l'identité, de la foi et de la mission. Acceptez l'impact positif qu'elles ont sur votre estime de soi et votre sentiment de connexion avec Allah. Cette réflexion contribue à renforcer votre engagement et votre confiance dans vos choix.

Enfin, n'oubliez pas que la pudeur et le hijab sont des expressions personnelles de la foi et doivent être abordés avec sincérité et intention. Recherchez la direction d'Allah par la prière et le Dua, en lui demandant force et clarté pour maintenir votre engagement envers la pudeur. Ayez confiance que vos efforts pour adhérer à ces principes sont valorisés et récompensés dans votre cheminement de foi.

En résumé, la pudeur et le hijab font partie intégrante de l'identité islamique et reflètent un engagement envers la foi et la dignité. Comprendre les principes qui sous-tendent la pudeur et le hijab, les intégrer dans votre vie avec confiance et relever les défis avec patience sont essentiels pour adopter ces pratiques. En incarnant la pudeur dans votre apparence et votre comportement, vous honorez votre foi et renforcez votre connexion spirituelle, contribuant ainsi à une vie islamique équilibrée et épanouissante.

# Chapitre 9 : Entretenir des relations avec une famille non musulmane

Gérer ses relations avec des membres de sa famille non musulmans peut présenter des défis et des opportunités uniques lorsque l'on embrasse l'islam. Trouver un équilibre entre le respect de sa foi et l'importance de maintenir les liens familiaux exige de la sensibilité, de la patience et de la compréhension. Ce chapitre explore des stratégies pour gérer ces relations tout en restant fidèle à vos principes islamiques.

Entretenir des relations avec des membres de la famille non musulmans implique un équilibre délicat entre le respect de sa foi et la préservation des liens familiaux. Il est important d'aborder ces relations avec compassion et respect, en reconnaissant que les différences de croyances ne diminuent pas l'importance des liens familiaux. S'engager avec les membres de la famille de manière respectueuse favorise la compréhension et le respect mutuel, même face à des valeurs différentes.

Une communication ouverte et honnête est essentielle pour gérer les relations avec une famille non musulmane. Expliquez les raisons qui vous ont poussé à embrasser l'islam de manière réfléchie et claire, en mettant l'accent sur les aspects positifs de votre foi et sur la façon dont elle a enrichi votre vie. Répondez à toutes les questions ou préoccupations qu'ils pourraient avoir avec patience et clarté, en les aidant à comprendre votre point de vue et l'importance de votre foi.

Il est essentiel de respecter les traditions et les valeurs de votre famille tout en conservant vos pratiques islamiques. Participez aux réunions et aux célébrations familiales d'une manière qui honore à la fois votre foi et vos liens familiaux. Par exemple, si les événements familiaux impliquent des activités ou des traditions qui entrent en conflit avec vos croyances, trouvez des moyens de vous engager de manière respectueuse tout en maintenant vos limites personnelles.

Votre participation aux événements familiaux démontre votre engagement à entretenir des relations, même lorsque vous naviguez dans des différences de valeurs.

Cherchez à trouver un terrain d'entente et des intérêts communs avec les membres de votre famille non musulmans. En vous concentrant sur des intérêts et des activités communs, vous pouvez renforcer vos relations et créer des opportunités d'interactions positives. En vous engageant dans des expériences communes, vous pouvez créer des liens plus solides et démontrer que votre foi n'empêche pas la capacité de profiter et de valoriser le temps passé en famille.

Fixez des limites claires si nécessaire pour préserver votre foi et votre intégrité personnelle. Communiquez vos limites avec gentillesse et fermeté, en veillant à ce qu'elles soient comprises et respectées. Par exemple, si certains sujets ou activités vous mettent mal à l'aise en raison de votre foi, exprimez vos sentiments de manière attentionnée et suggérez d'autres façons de vous engager. Fixer des limites permet de préserver vos valeurs personnelles tout en maintenant des relations familiales respectueuses.

Gérer les différences religieuses et culturelles avec des membres de la famille non musulmans exige de la patience et de l'empathie. Reconnaissez que leurs points de vue et leurs expériences peuvent différer des vôtres et abordez les interactions avec un esprit ouvert. Comprendre leurs points de vue et faire preuve d'empathie peut favoriser le respect mutuel et créer un environnement plus harmonieux, même lorsque des désaccords surviennent.

Encouragez le dialogue positif et l'apprentissage mutuel au sein de votre famille. Partagez des informations sur les pratiques et les valeurs islamiques d'une manière accessible et engageante. Invitez les membres de votre famille à poser des questions et à en apprendre davantage sur votre foi de manière non conflictuelle. En favorisant un environnement de curiosité et de compréhension, vous pouvez contribuer à combler les écarts et à établir des relations plus solides et plus éclairées.

En période de désaccord ou de tension, abordez les conflits avec un esprit de réconciliation et de compromis. Concentrez-vous sur la recherche de solutions qui respectent à la fois votre foi et vos relations familiales. Recherchez un terrain d'entente et efforcez-vous de vous comprendre, même si cela nécessite un compromis. Gérer les conflits avec grâce et empathie renforce votre engagement à maintenir des liens familiaux solides tout en respectant vos croyances.

N'oubliez pas de demander conseil et soutien à Allah dans vos interactions avec les membres de votre famille non musulmans. Faites des invocations pour la sagesse, la patience et la force dans la gestion de ces relations. Ayez confiance qu'Allah vous fournira les conseils et le soutien nécessaires pour gérer ces interactions tout en restant fidèle à votre foi.

En résumé, entretenir des relations avec des membres de la famille non musulmans implique un équilibre entre respect, communication et compréhension. En abordant ces relations avec compassion, en établissant des limites claires et en favorisant un dialogue positif, vous pouvez gérer les différences de croyances tout en préservant des liens familiaux solides. En adoptant votre foi avec confiance et grâce et en recherchant les conseils d'Allah, vous pouvez honorer à la fois vos principes islamiques et vos liens familiaux.

# Chapitre 10 : Gérer son mariage avec un mari non musulman

Gérer un mariage avec un mari non musulman implique de comprendre et d'aborder à la fois les aspects religieux et pratiques pour assurer une relation harmonieuse et respectueuse. Pour les nouvelles musulmanes, équilibrer les principes islamiques avec la dynamique d'un mariage interconfessionnel nécessite une réflexion approfondie et une communication claire. Ce chapitre explore le fiqh (jurisprudence islamique) lié aux mariages interconfessionnels et offre des conseils pour entretenir une relation aimante et respectueuse.

Dans la jurisprudence islamique, la légalité du mariage entre une musulmane et un non-musulman est un sujet de discussion important. Selon le fiqh islamique classique, une musulmane n'est traditionnellement pas autorisée à épouser un non-musulman. Cette décision est basée sur divers versets coraniques et hadiths qui soulignent l'importance de la foi et des valeurs communes dans une relation conjugale. Par exemple, la sourate Al-Baqarah (2:221) déconseille le mariage avec des polythéistes jusqu'à ce qu'ils embrassent l'islam, soulignant l'importance de croyances religieuses communes pour favoriser un mariage harmonieux.

Cependant, les opinions des érudits musulmans contemporains sur les mariages interconfessionnels sont nuancées, en particulier dans le contexte de circonstances culturelles et personnelles variées. Certains érudits et juristes musulmans prônent l'importance du respect et de la compréhension mutuels dans de telles relations, à condition que le mariage soit conforme aux valeurs et aux principes islamiques. Il est essentiel de consulter des érudits compétents ou des imams locaux pour mieux comprendre comment ces décisions s'appliquent à votre situation spécifique et pour recevoir des conseils personnalisés.

La communication et le respect mutuel sont essentiels pour mener à bien un mariage interconfessionnel. Des discussions ouvertes et honnêtes sur les croyances, les pratiques et les attentes religieuses peuvent aider à établir une base de compréhension et de coopération. Abordez des sujets tels que les pratiques religieuses, les restrictions alimentaires et les traditions familiales dès le début de la relation pour vous assurer que les deux partenaires connaissent et respectent les pratiques et les valeurs de l'autre.

L'un des principaux éléments à prendre en compte dans un mariage interconfessionnel est le respect des pratiques et des obligations islamiques. Cela comprend l'accomplissement de vos devoirs religieux, tels que les prières quotidiennes, le jeûne et le respect des codes vestimentaires islamiques, tout en tenant compte des croyances et des pratiques de votre mari. Trouver un équilibre entre la pratique de votre foi et le respect des points de vue de votre mari nécessite une négociation et un compromis réfléchis.

L'éducation des enfants dans un mariage interconfessionnel implique des considérations supplémentaires. Il est important de discuter et de convenir de la manière d'aborder l'éducation religieuse. Si la perspective islamique souligne l'importance d'élever les enfants dans la foi, il est essentiel d'aborder ce sujet avec sensibilité et respect mutuel. Il faut viser à créer un environnement qui favorise la compréhension des croyances des deux parents tout en veillant à ce que les valeurs islamiques soient transmises efficacement.

La gestion des dynamiques familiales et sociales joue également un rôle important dans un mariage interconfessionnel. Soyez prêt à répondre aux questions ou aux préoccupations des membres de la famille et de la communauté musulmane au sens large. Abordez ces discussions avec patience et clarté, en mettant l'accent sur les aspects positifs de votre relation et sur votre engagement à maintenir les valeurs islamiques.

Recherchez la direction d'Allah par la prière et le dua. Demandez à Allah de vous aider à gérer les complexités d'un mariage interconfessionnel et à maintenir une relation solide et respectueuse. Ayez confiance en la sagesse d'Allah et demandez Son aide pour surmonter les difficultés qui peuvent survenir.

En résumé, gérer un mariage avec un mari non musulman implique de comprendre le fiqh relatif aux mariages interconfessionnels et de trouver un équilibre entre les obligations religieuses et le respect mutuel. Une communication efficace, le respect des croyances de chacun et une réflexion approfondie sur la dynamique familiale sont essentiels. Demandez conseil à des érudits compétents et faites confiance au soutien d'Allah pour traverser les complexités de votre relation tout en vous efforçant de préserver vos valeurs islamiques.

# Chapitre 11 : La parentalité dans un foyer mixte

Être parent dans un foyer mixte requiert une réflexion approfondie, de la sensibilité et un équilibre pour garantir que les enfants bénéficient d'un environnement stimulant qui respecte les croyances des deux parents. Pour les nouvelles musulmanes vivant dans de tels foyers, il est essentiel de gérer les complexités de l'éducation des enfants d'une manière qui respecte les valeurs islamiques tout en tenant compte des diverses perspectives religieuses des deux parents. Ce chapitre propose des conseils sur la manière d'aborder la parentalité dans un foyer mixte tout en maintenant une base islamique solide.

Il est essentiel d'établir des bases de respect et de compréhension mutuels lorsque l'on élève des enfants dans un foyer mixte. Une communication ouverte entre les deux parents sur les croyances, les valeurs et les pratiques religieuses est essentielle pour créer une approche parentale cohérente. Discutez et convenez de la manière d'aborder l'éducation religieuse, les célébrations et les pratiques quotidiennes d'une manière qui respecte les deux confessions. Cette compréhension mutuelle favorise un environnement favorable à l'éducation des enfants et aide à prévenir les conflits liés à l'éducation religieuse.

L'une des principales considérations dans un foyer mixte est la manière de transmettre l'éducation religieuse et les valeurs à vos enfants. L'islam souligne l'importance d'inculquer la foi et les valeurs morales dès le plus jeune âge. Essayez de fournir à vos enfants une base solide dans les enseignements islamiques, notamment le Coran, les Hadith et les principes de bon caractère. Incorporez les pratiques islamiques dans la vie quotidienne, telles que les prières, le jeûne pendant le ramadan et la fréquentation de la mosquée, pour modéliser et renforcer ces valeurs.

En même temps, respectez et reconnaissez les croyances et les pratiques de votre conjoint. Encouragez un environnement dans lequel vos enfants peuvent apprendre et apprécier les traditions religieuses des deux parents. Cette approche aide les enfants à comprendre et à respecter la diversité tout en renforçant leur propre identité religieuse. Par exemple, si votre conjoint a des traditions ou des pratiques religieuses particulières, permettez à vos enfants de participer et d'apprendre ces pratiques, à condition qu'elles ne soient pas en conflit avec les valeurs islamiques.

Il est également important de trouver un équilibre entre les deux religions dans les rituels et les célébrations familiales. Célébrez les fêtes et les événements islamiques, comme l'Aïd et le Ramadan, avec enthousiasme et engagement. En même temps, soyez ouvert à reconnaître et à participer aux célébrations religieuses de votre conjoint, le cas échéant. Cette approche équilibrée démontre le respect des deux religions et offre à vos enfants une compréhension globale des diverses pratiques religieuses.

Répondre aux questions et à la curiosité de vos enfants sur les différences religieuses exige de l'honnêteté et de la sensibilité. Donnez des explications adaptées à leur âge sur votre foi et les croyances de votre conjoint. Mettez l'accent sur les valeurs communes, telles que la gentillesse, le respect et l'amour, qui sont partagées par différentes religions. En répondant à leurs questions de manière ouverte et respectueuse, vous aidez vos enfants à développer une vision positive et éclairée des deux religions.

Impliquez les deux parents dans l'éducation religieuse et morale. Collaborez pour enseigner des valeurs, des principes éthiques et des leçons de vie qui correspondent aux deux confessions. Cet effort conjoint fournit un message cohérent et renforce l'importance du respect et de la compréhension des diverses croyances. Il permet également aux enfants de bénéficier de la sagesse et des points de vue combinés des deux parents.

Maintenir une forte identité islamique pour vos enfants implique de donner l'exemple et d'être proactif dans leur éducation religieuse. Assurez-vous que vos enfants ont accès à des ressources islamiques, telles que des cours de Coran, des livres islamiques et des programmes communautaires. Engagez-les dans des activités qui renforcent leur foi et leur lien avec la communauté musulmane. Cette approche proactive aide vos enfants à grandir avec un fort sentiment d'identité et d'appartenance islamiques.

Relever les défis d'un foyer mixte exige de la patience, de la souplesse et une communication constante. Soyez prêt à aborder les conflits ou les problèmes qui surviennent avec sensibilité et en vous efforçant de trouver un terrain d'entente. Discutez et révisez régulièrement votre approche parentale et votre éducation religieuse avec votre conjoint pour vous assurer que les deux confessions sont respectées et que vos enfants reçoivent des conseils cohérents.

Recherchez le soutien et les conseils des érudits musulmans, des dirigeants communautaires et d'autres parents qui se trouvent dans une situation similaire. Leurs idées et leurs expériences peuvent fournir des conseils et des encouragements précieux. S'engager auprès d'une communauté solidaire peut également offrir des solutions pratiques et un soutien émotionnel pour vous aider à gérer les complexités de la parentalité dans un foyer mixte.

Enfin, faites des duas pour obtenir des conseils et de la force dans votre rôle de parent. Recherchez l'aide d'Allah pour qu'Il vous accorde sagesse, patience et clarté lorsque vous élevez vos enfants dans un environnement mixte. Ayez confiance qu'Allah soutiendra vos efforts et vous accordera la capacité d'élever vos enfants avec amour et foi.

En résumé, élever des enfants dans un foyer mixte implique de créer un environnement respectueux et équilibré qui respecte les croyances des deux parents. Établir une communication claire, fournir une éducation religieuse et impliquer les deux parents dans le processus éducatif sont essentiels pour gérer cette dynamique. En abordant les questions ouvertement, en célébrant les deux confessions et en recherchant du soutien, vous pouvez favoriser un environnement positif et inclusif pour vos enfants tout en maintenant une base islamique solide.

# Chapitre 12 : Construire de nouvelles amitiés au sein de la communauté musulmane

Nouer de nouvelles amitiés au sein de la communauté musulmane peut être une expérience enrichissante et enrichissante lorsque vous embrassez votre nouvelle foi. Établir des liens significatifs avec d'autres musulmans apporte soutien, compréhension et sentiment d'appartenance. Ce chapitre explore des stratégies efficaces pour nouer et entretenir des amitiés au sein de la communauté musulmane et met en évidence les avantages de ces relations dans votre cheminement religieux.

Commencez par vous impliquer activement dans votre communauté musulmane locale. Participez aux événements organisés par la mosquée, aux rassemblements communautaires et aux cours d'islam pour rencontrer d'autres musulmans et vous immerger dans la communauté. Participez aux prières du vendredi, aux cercles d'étude et aux activités sociales organisées par la mosquée ou les centres islamiques locaux. Être présent à ces événements vous aide non seulement à rencontrer de nouvelles personnes, mais vous offre également l'occasion de partager des expériences et des intérêts communs.

Recherchez des organisations et des groupes islamiques qui correspondent à vos intérêts et à vos valeurs. De nombreuses communautés ont des groupes spécialisés pour les femmes, les jeunes ou les professionnels qui se concentrent sur divers aspects de la vie islamique. En rejoignant ces groupes, vous pouvez entrer en contact avec d'autres personnes qui partagent les mêmes intérêts et objectifs. Recherchez des cercles d'étude, des organisations bénévoles ou des clubs sociaux au sein de la communauté musulmane pour trouver des personnes partageant les mêmes idées.

Abordez les nouvelles relations avec ouverture et sincérité. Présentez-vous aux autres avec un réel intérêt à les connaître. Soyez accessible et amical, et montrez votre empressement à engager des conversations sur la foi, les expériences et les intérêts communs. Les amitiés commencent souvent par de petites interactions sincères qui peuvent se transformer en liens plus profonds au fil du temps.

Soyez proactif dans le maintien et l'entretien de nouvelles amitiés. Contactez de nouvelles connaissances pour organiser des activités sociales, comme assister à une conférence, participer à un projet de service communautaire ou simplement prendre un café ensemble. Une communication régulière et des activités partagées aident à renforcer les liens et à créer un sentiment de camaraderie. Faites un effort pour rester en contact et montrez votre appréciation pour les amitiés que vous développez.

Cultivez un esprit d'empathie et de soutien au sein de vos nouvelles amitiés. Soyez là pour vos amis dans les moments de besoin et offrez-leur des encouragements et de la compréhension alors qu'ils naviguent dans leur propre cheminement de foi. Partager des expériences, apporter du soutien et offrir une oreille attentive contribuent à bâtir des amitiés solides et durables. Une attention et une compassion sincères sont des éléments essentiels pour favoriser des liens significatifs.

Participez à des activités de service communautaire et caritatives. Le bénévolat pour des projets communautaires, l'organisation de collectes de fonds ou l'aide à des initiatives locales vous permettent de travailler aux côtés d'autres membres de la communauté. Ces efforts partagés créent des occasions de créer des liens autour d'objectifs communs et démontrent votre engagement à servir les autres. Le service communautaire est un moyen efficace de nouer des relations tout en contribuant au bien-être de la communauté.

Respectez et appréciez la diversité au sein de la communauté musulmane. Reconnaissez que la communauté musulmane est diverse en termes d'origines culturelles, de traditions et d'expériences. Acceptez cette diversité et cherchez à apprendre des points de vue et des expériences des autres. En valorisant la richesse de la communauté et en faisant preuve de respect envers les différentes traditions et pratiques, vous contribuez à un environnement plus inclusif et harmonieux.

Faites preuve de patience et de diplomatie face aux difficultés et aux malentendus. Pour nouer des amitiés, il peut être nécessaire de surmonter les différences d'opinions ou de pratiques. Abordez les conflits dans un esprit de réconciliation et de compréhension, en vous efforçant de trouver un terrain d'entente et de résoudre les problèmes à l'amiable. Une communication ouverte et respectueuse contribue à renforcer les relations et à instaurer la confiance.

Recherchez le mentorat et les conseils de membres plus expérimentés de la communauté. Entrer en contact avec des mentors ou des dirigeants communautaires peut vous apporter des conseils et un soutien précieux pour vous adapter à votre nouvel environnement social. Leurs connaissances et leurs expériences peuvent vous aider à mieux comprendre la dynamique de la communauté et vous offrir des conseils pour établir des relations significatives.

Enfin, faites des duas pour qu'Allah vous guide dans vos efforts pour nouer de nouvelles amitiés. Demandez à Allah de vous accorder la capacité de nouer des relations positives et solidaires au sein de la communauté musulmane. Ayez confiance qu'Allah bénira vos efforts et vous fournira des amis qui seront une source de soutien, d'encouragement et de compagnie sur votre cheminement religieux.

En résumé, nouer de nouvelles amitiés au sein de la communauté musulmane implique une participation active, une ouverture d'esprit et une sincérité. Participer à des activités communautaires, rechercher des groupes en phase avec vos intérêts et entretenir des relations avec empathie et soutien sont essentiels pour nouer des liens significatifs. Acceptez la diversité, relevez les défis avec patience et recherchez un mentorat pour nouer des amitiés. Avec la direction et les efforts d'Allah, vous pouvez établir des relations solides et enrichissantes qui enrichissent votre cheminement de foi et votre sentiment d'appartenance.

# Chapitre 13 : Traiter avec des amis non musulmans

Entretenir des relations amicales avec des amis non musulmans tout en adhérant aux principes islamiques implique de trouver un équilibre entre le respect de votre foi et la valeur des relations durables. Cela nécessite une réflexion approfondie, une communication ouverte et un engagement envers vos croyances et le bien-être de vos amitiés. Ce chapitre fournit des conseils sur la manière de gérer ces relations d'une manière qui honore votre foi et entretient des liens significatifs.

**Comprendre les limites et le respect :** Commencez par bien comprendre les limites imposées par votre foi et leur impact sur vos interactions avec vos amis non musulmans. Les enseignements islamiques insistent sur le fait de préserver sa foi tout en interagissant avec les autres de manière respectueuse. Il est important de garder à l'esprit les principes islamiques dans votre comportement et vos interactions, comme éviter les activités ou les conversations qui entrent en conflit avec vos croyances. Communiquez ces limites à vos amis de manière douce et respectueuse, en vous assurant qu'ils comprennent votre point de vue sans se sentir jugés ou aliénés.

**Communication ouverte :** une communication honnête et respectueuse est essentielle pour gérer les relations avec des amis non musulmans. Partagez votre foi avec eux d'une manière informative et accessible. Expliquez-leur pourquoi certaines pratiques ou activités sont importantes pour vous et comment elles correspondent à vos valeurs. Cela favorise la compréhension et le respect mutuels, permettant à vos amis d'apprécier votre point de vue et de répondre à vos besoins.

**Équilibrer les activités sociales :** lorsque vous participez à des activités sociales avec des amis non musulmans, essayez de trouver un équilibre entre vos exigences religieuses et le maintien de votre amitié.

Par exemple, si un événement comprend des activités qui ne sont pas conformes aux enseignements de l'islam, pensez à suggérer des activités alternatives qui correspondent à la fois à vos croyances et aux intérêts de vos amis. S'engager de manière inclusive et respectueuse permet de préserver la relation tout en honorant votre foi.

**Être un modèle :** vos actions et votre comportement peuvent servir de puissant reflet de votre foi. Efforcez-vous d'être un modèle positif en incarnant les valeurs islamiques telles que la gentillesse, l'honnêteté et l'intégrité. Votre conduite peut inspirer la curiosité et le respect, ce qui peut conduire à des discussions plus approfondies sur l'islam et favoriser une compréhension plus respectueuse de votre foi parmi vos amis.

**Aborder les sujets sensibles :** Abordez les sujets sensibles liés à la religion avec prudence et tact. Si des discussions sur la foi ou des questions controversées surviennent, engagez ces conversations avec patience et respect. Évitez les attitudes conflictuelles ou défensives et concentrez-vous sur le partage de votre point de vue de manière constructive et compréhensive. En abordant les sujets sensibles de manière réfléchie, vous pouvez résoudre les malentendus et établir des ponts de compréhension.

**Gérer les invitations et les célébrations :** Lorsque vous êtes invité à des événements ou à des célébrations qui peuvent être en conflit avec les principes islamiques, gérez la situation avec diplomatie. Refusez poliment les invitations qui impliquent des activités qui ne sont pas autorisées par l'islam, mais exprimez votre gratitude pour l'invitation et votre intérêt à maintenir la relation. Proposez de participer de manière alternative, par exemple en assistant à des parties non religieuses de l'événement ou en organisant des rassemblements qui correspondent à la fois à vos valeurs et aux préférences de vos amis.

**Offrir soutien et compréhension :** soutenez et comprenez les croyances et les pratiques de vos amis non musulmans. Respectez leurs traditions religieuses et montrez de l'intérêt pour leurs points de vue.

En faisant preuve d'un respect et d'un soutien sincères envers leurs croyances, vous encouragez une compréhension réciproque et favorisez une amitié positive et respectueuse.

**Maintenir son intégrité personnelle :** restez fidèle à vos valeurs et principes islamiques dans toutes vos interactions. Bien qu'il soit important de respecter et d'accommoder vos amis, veillez à ne pas compromettre vos croyances ou à ne pas vous engager dans des activités qui contredisent votre foi. Maintenir son intégrité personnelle renforce votre relation avec Allah et vous aide à gérer vos amitiés en toute confiance.

**Demander conseil :** Consultez des érudits ou des mentors compétents si vous rencontrez des difficultés dans la gestion de vos relations avec des amis non musulmans. Leurs connaissances peuvent vous fournir des conseils précieux sur la façon d'équilibrer votre foi avec vos interactions sociales et vous aider à résoudre des problèmes spécifiques qui se posent.

**Faire des duas :** Recherchez continuellement les conseils d'Allah pour entretenir vos amitiés tout en adhérant aux principes islamiques. Faites des duas pour la sagesse, la patience et la force dans la gestion de ces relations. Faites confiance au soutien et aux conseils d'Allah pour naviguer dans les complexités de l'équilibre entre votre foi et vos interactions sociales.

En résumé, traiter avec des amis non musulmans implique de trouver un équilibre entre le respect de votre foi et l'importance d'entretenir des relations significatives. En comprenant vos limites, en communiquant ouvertement et en étant un modèle positif, vous pouvez gérer ces amitiés tout en respectant les principes islamiques. Traitez les sujets sensibles avec précaution, offrez votre soutien et votre compréhension et demandez conseil à Allah pour gérer efficacement vos relations. Grâce à une interaction réfléchie et à un engagement sincère envers vos valeurs, vous pouvez entretenir des amitiés respectueuses et solidaires qui enrichissent votre vie et votre cheminement religieux.

# Chapitre 14 : Halal et Haram dans la vie quotidienne

Il est essentiel de comprendre et d'appliquer les concepts de halal (autorisé) et de haram (interdit) dans la vie quotidienne pour vivre en accord avec les enseignements de l'islam. Ces principes guident divers aspects de la vie d'un musulman, des choix alimentaires aux transactions financières et aux interactions sociales. Ce chapitre explore comment intégrer ces concepts dans vos activités quotidiennes, en fournissant des conseils pratiques sur la manière de garantir que vos actions sont conformes aux principes de l'islam.

**Comprendre ce qui est halal et haram** : le halal désigne ce qui est permis et licite selon la loi islamique, tandis que le haram désigne ce qui est interdit. Ces classifications sont tirées du Coran, des hadiths et des décisions des érudits musulmans. Il est important de vous familiariser avec ces directives pour prendre des décisions éclairées dans votre vie quotidienne. Le halal englobe les actions, les aliments et les comportements qui sont conformes aux enseignements islamiques, tandis que le haram inclut ceux qui sont explicitement interdits.

**Choix alimentaires** : L'un des aspects les plus visibles de ce qui est halal ou haram est celui des restrictions alimentaires. Les aliments halal sont ceux qui sont autorisés, tandis que les aliments haram sont interdits. Par exemple, la viande halal doit provenir d'un animal abattu conformément aux directives islamiques, et le porc est strictement interdit. Lorsque vous faites vos courses ou que vous mangez au restaurant, recherchez une certification halal ou renseignez-vous sur les méthodes de préparation des aliments pour vous assurer qu'elles sont conformes aux normes islamiques. La compréhension de ces directives vous aide à faire des choix éclairés et à rester en conformité avec votre foi.

**Transactions financières :** Les transactions financières en Islam doivent respecter les principes d'équité et de transparence. Les transactions financières halal impliquent d'éviter les intérêts (riba), la fraude et les pratiques contraires à l'éthique. Effectuez des transactions basées sur le consentement mutuel, l'honnêteté et l'intégrité. Évitez d'investir dans des entreprises ou des produits financiers qui impliquent des activités haram, comme les jeux de hasard ou l'alcool. La compréhension et l'application de ces principes dans vos décisions financières garantissent que vos activités économiques sont conformes aux valeurs islamiques.

**Interactions sociales et comportement :** les enseignements islamiques fournissent des conseils sur la façon de se comporter dans les interactions sociales. Le comportement halal consiste à maintenir l'honnêteté, le respect et la gentillesse dans vos relations avec les autres. Éviter les ragots, les médisances et les comportements irrespectueux est conforme aux principes islamiques. Engagez-vous dans des interactions qui favorisent des valeurs positives et contribuent à un environnement harmonieux et respectueux. Comprendre ce qui est considéré comme halal et haram dans la conduite sociale vous aide à maintenir un bon caractère et à construire des relations solides et éthiques.

**Hygiène personnelle et soins de beauté :** Les pratiques d'hygiène personnelle et de soins de beauté sont également guidées par les principes islamiques. Les pratiques halal en matière de soins personnels impliquent l'utilisation de produits et de méthodes propres et autorisées. Par exemple, assurez-vous que les cosmétiques et les produits de toilette ne contiennent pas d'ingrédients interdits, tels que l'alcool ou des substances dérivées d'animaux non abattus conformément à la loi islamique. Le maintien de la propreté et l'utilisation de produits autorisés reflètent le respect des directives islamiques et contribuent au bien-être personnel.

**Divertissement et loisirs :** l'islam encourage la modération dans les activités de divertissement et de loisirs. Les divertissements halal incluent des activités qui ne sont pas en conflit avec les valeurs islamiques, comme les événements familiaux, les activités éducatives et les activités récréatives qui favorisent le développement positif. Évitez de vous adonner à des divertissements qui comportent des éléments haram, comme du contenu explicite, une violence excessive ou des activités qui encouragent un comportement immoral. Trouver un équilibre entre les activités agréables et le respect des principes islamiques garantit que votre temps libre est à la fois épanouissant et respectueux de votre foi.

**Consommation éthique** : Faites des choix éthiques dans vos habitudes de consommation en sélectionnant des produits et des services conformes aux principes islamiques. Cela implique de soutenir les entreprises qui adhèrent à des pratiques éthiques, d'éviter les produits qui contribuent à la nocivité ou à l'exploitation et de choisir des articles respectueux de l'environnement. Être attentif à vos habitudes de consommation reflète un engagement envers un mode de vie éthique et responsable.

**Gérer les ambiguïtés** : Dans certaines situations, vous pouvez être confronté à des incertitudes quant à savoir si une activité ou un produit est halal ou haram. Face à de telles ambiguïtés, demandez conseil à des érudits ou à des autorités islamiques compétentes. Consulter une source fiable peut vous apporter des éclaircissements et vous aider à prendre des décisions éclairées. De plus, s'appuyer sur les principes islamiques et rechercher des connaissances par l'étude et la réflexion peut vous aider à gérer des situations complexes.

**Faites des duas pour vous guider** : Recherchez la direction d'Allah pour vous assurer que vos actions et vos choix quotidiens sont conformes aux principes halal. Faites des duas pour la sagesse et la clarté dans la compréhension et l'application des enseignements islamiques dans votre vie. Ayez confiance qu'Allah vous fournira la connaissance et le soutien nécessaire pour vivre selon votre foi.

En résumé, l'application des concepts de halal et de haram dans la vie quotidienne implique de comprendre et d'adhérer aux principes islamiques dans divers aspects de la vie, notamment les choix alimentaires, les transactions financières, le comportement social, l'hygiène personnelle, les loisirs et la consommation. En prenant des décisions éclairées et en recherchant des conseils auprès de sources bien informées, vous pouvez vous assurer que vos actions sont conformes aux valeurs islamiques et contribuent à une vie d'intégrité et de fidélité.

# Chapitre 15 : Le jeûne et ses bienfaits spirituels

Le jeûne, ou Sawm, est l'un des cinq piliers de l'islam et revêt une signification spirituelle profonde dans la vie d'un musulman. Observer le jeûne pendant le mois de Ramadan n'est pas seulement un acte d'abstinence de nourriture et de boisson ; c'est une pratique spirituelle profonde qui nourrit l'âme, renforce le lien avec Allah et favorise un plus grand sens de l'empathie et de l'autodiscipline. Ce chapitre explore les bienfaits spirituels du jeûne et la manière dont il renforce la foi et le caractère.

Le jeûne du Ramadan est un acte d'adoration qui rapproche le musulman d'Allah. La pratique du jeûne exige que les croyants s'abstiennent de manger, de boire et de satisfaire à d'autres besoins physiques de l'aube au coucher du soleil. Cette privation physique sert à concentrer le cœur et l'esprit sur la croissance spirituelle. En renonçant temporairement aux plaisirs et aux désirs matériels, le jeûne permet aux individus de se concentrer sur leur relation avec Allah, renforçant ainsi leur foi et leur dévotion.

L'un des principaux bienfaits spirituels du jeûne est la culture de l'autodiscipline et du contrôle. S'abstenir de manger et de boire, ainsi que de comportements négatifs tels que les disputes et les commérages, incite les individus à faire preuve de retenue et de maîtrise de soi. Cette discipline va au-delà de l'acte physique du jeûne, influençant les habitudes et le comportement personnels. Le jeûne encourage les musulmans à développer la patience, la résilience et une conscience accrue de leurs actes, favorisant une approche plus consciente et disciplinée de la vie quotidienne.

Le jeûne renforce également l'empathie et la compassion. Le fait de ressentir la faim et la soif permet aux individus de mieux comprendre les difficultés rencontrées par les moins fortunés. Cette expérience partagée de la privation suscite un sentiment de gratitude pour les bénédictions dont on bénéficie et une plus grande appréciation du confort et de la facilité de la vie quotidienne. En ressentant l'inconfort que beaucoup éprouvent régulièrement, les musulmans sont plus susceptibles de ressentir de la compassion et d'être motivés à aider ceux qui sont dans le besoin, en s'engageant dans des actes de charité et de service.

Le jeûne est une occasion de réflexion et de croissance spirituelle. Le ramadan est une période durant laquelle les musulmans se livrent à des pratiques d'adoration plus intenses, comme la lecture du Coran, des prières supplémentaires et des supplications. L'accent mis sur les activités spirituelles pendant ce mois permet aux individus d'approfondir leur compréhension des enseignements islamiques et de rechercher le pardon et la purification. Cette période de réflexion encourage l'introspection, le repentir et un engagement renouvelé à vivre selon les valeurs islamiques.

Le jeûne du Ramadan favorise également un sentiment de communauté et de solidarité entre les musulmans. L'expérience partagée du jeûne crée un lien entre les individus et renforce l'identité collective de la Oumma musulmane. Les prières partagées, les repas de l'iftar en commun et les actes de charité renforcent les relations au sein de la communauté et favorisent un sentiment d'unité et de soutien mutuel. Cet aspect communautaire du jeûne souligne l'importance de l'unité et de la collaboration dans la croissance spirituelle et le culte.

Les bienfaits spirituels du jeûne s'étendent au bien-être mental et émotionnel. La pratique du jeûne favorise un sentiment de tranquillité et de contentement en offrant un temps structuré pour la réflexion et la prière. La discipline requise pour s'abstenir de besoins physiques permet aux individus d'acquérir une perspective plus claire sur leurs priorités et leurs objectifs. Cette attention renouvelée portée au développement spirituel et personnel conduit souvent à une résilience émotionnelle accrue et à une approche plus équilibrée des défis de la vie.

Le jeûne est également un moyen de se rapprocher d'Allah par des actes d'adoration et de dévotion. S'adonner à des actes d'adoration supplémentaires, comme la récitation de versets coraniques, la pratique de du'a et la pratique d'actes de charité, améliore l'expérience spirituelle du Ramadan. Ces actes rapprochent non seulement les individus d'Allah, mais renforcent également leur sens du devoir et leur engagement envers leur foi.

De plus, le jeûne du Ramadan nous rappelle la nature éphémère des plaisirs terrestres et l'importance de donner la priorité à la croissance spirituelle. En s'abstenant de tout confort physique, les individus se rappellent le but supérieur de la vie et l'importance de se concentrer sur l'au-delà. Cette perspective permet de déplacer les priorités des préoccupations matérielles vers les aspirations spirituelles, favorisant ainsi une connexion plus profonde avec Allah et un plus grand sentiment d'accomplissement.

La fin du ramadan est marquée par la célébration de l'Aïd el-Fitr, un événement joyeux qui marque la fin de la période de jeûne. Cette célébration reflète le cheminement spirituel entrepris au cours du mois et le renouvellement de la foi. La gratitude et la joie ressenties pendant l'Aïd témoignent du pouvoir transformateur du jeûne et de la croissance spirituelle obtenue tout au long du ramadan.

En résumé, le jeûne du Ramadan procure de nombreux bienfaits spirituels qui vont au-delà de l'acte physique consistant à s'abstenir de manger et de boire. Il favorise l'autodiscipline, l'empathie et la compassion, tout en renforçant la relation avec Allah et en favorisant la réflexion et la croissance spirituelles. Les aspects communautaires du jeûne et l'accent mis sur l'adoration et la dévotion contribuent à un sentiment d'unité et de détermination. En adoptant les dimensions spirituelles du jeûne, les musulmans peuvent vivre une profonde transformation personnelle et un engagement renouvelé envers leur foi.

# Chapitre 16 : Zakat et charité

La zakat et la charité sont des aspects fondamentaux de l'éthique financière islamique, profondément ancrés dans la foi et la pratique des musulmans. La zakat, l'un des cinq piliers de l'islam, est une forme obligatoire d'aumône destinée à purifier la richesse et à subvenir aux besoins des nécessiteux. La charité, ou Sadaqah, va au-delà de la zakat obligatoire et représente des actes de don volontaires pour soutenir les autres et favoriser le bien-être de la communauté. Ce chapitre examine l'importance, la mise en œuvre et l'impact de la zakat et de la charité dans la vie d'un musulman.

**Comprendre la zakat :** La zakat est un acte obligatoire de don, calculé comme un pourcentage fixe de la richesse d'une personne, généralement 2,5 %, aux personnes dans le besoin. Elle est considérée comme une obligation plutôt qu'un acte de bonté volontaire. L'objectif principal de la zakat est de purifier sa richesse et son âme, de redistribuer la richesse pour réduire les inégalités économiques et de garantir que les besoins fondamentaux des moins fortunés soient satisfaits. Elle est prescrite par Allah dans le Coran et les Hadiths et fait partie intégrante du cadre social et économique de l'Islam.

**Éligibilité et bénéficiaires de la Zakat :** La Zakat est attribuée à des catégories spécifiques de bénéficiaires, appelées les « huit catégories » mentionnées dans le Coran. Il s'agit notamment des pauvres, des nécessiteux, de ceux qui administrent la Zakat, de ceux dont les cœurs doivent être réconciliés, des esclaves ou des captifs en quête de liberté, des personnes endettées, de ceux qui luttent pour la cause d'Allah et des voyageurs dans le besoin. Il est essentiel de veiller à ce que la Zakat parvienne aux bénéficiaires appropriés pour remplir son objectif et préserver son importance dans la justice sociale islamique.

**Calcul de la zakat :** pour s'acquitter correctement de l'obligation de la zakat, les musulmans doivent calculer avec précision leur patrimoine et leurs actifs. Cela comprend l'évaluation de l'épargne, des investissements et des autres formes de détention financière, après déduction des dettes et des passifs. Le calcul doit être effectué chaque année, généralement pendant le Ramadan, une période de réflexion et d'adoration intenses. Il est essentiel de garantir la précision du calcul et le respect des directives islamiques pour la validité de la zakat.

**Les bienfaits spirituels de la Zakat :** Au-delà de son impact social, la Zakat revêt une profonde signification spirituelle. Elle sert à purifier sa richesse et son âme, à promouvoir l'humilité et à renforcer les valeurs de générosité et de compassion. En donnant la Zakat, les individus reconnaissent que leur richesse est un dépôt d'Allah et qu'ils ont la responsabilité de partager leurs bénédictions avec ceux qui sont dans le besoin. Cet acte de don favorise un sentiment de gratitude et renforce le lien entre le donateur et Allah.

**Charité (Sadaqah) :** Contrairement à la zakat, la Sadaqah est un acte de don volontaire qui va au-delà de l'aumône obligatoire. La Sadaqah peut être donnée en n'importe quel montant et à n'importe quel moment, et elle peut prendre diverses formes, notamment des dons financiers, des actes de gentillesse et même un sourire. La Sadaqah est fortement encouragée dans l'islam et sert à soutenir les personnes dans le besoin, à renforcer les liens communautaires et à gagner des récompenses spirituelles.

**L'impact plus large de la charité :** La charité, qu'elle prenne la forme de Sadaqah ou de Zakat, joue un rôle crucial dans la lutte contre les inégalités sociales et l'amélioration de la vie des individus et des communautés. Elle contribue à réduire la pauvreté, à donner accès à l'éducation et aux soins de santé et à soutenir divers efforts humanitaires. L'impact de la charité va au-delà des secours immédiats, contribuant au développement social et économique à long terme.

**Intégrer la charité dans la vie quotidienne :** Intégrer la charité dans la vie quotidienne implique d'en faire une pratique régulière plutôt qu'un acte sporadique. Cela peut consister à mettre de côté une partie de ses revenus pour la Sadaqah, à consacrer bénévolement du temps et des compétences à des services communautaires ou à s'engager dans des actes de bonté et de soutien. En faisant de la charité une partie habituelle de la vie, les individus peuvent contribuer continuellement au bien-être des autres et favoriser une culture de don et de compassion.

**Encourager une culture du don** : Cultiver une culture du don au sein des familles, des communautés et des institutions contribue à renforcer les valeurs de la Zakat et de la charité. Éduquer les enfants sur l'importance de l'aumône, organiser des événements communautaires de collecte de fonds et soutenir les organisations caritatives sont des moyens de promouvoir un engagement collectif en faveur de la justice sociale et de la philanthropie. Encourager les autres à s'engager dans des activités caritatives renforce les liens communautaires et amplifie l'impact des efforts collectifs.

**Défis et considérations** : Donner la zakat et la charité comporte son lot de défis, notamment s'assurer que les fonds sont utilisés efficacement, éviter la fraude et répondre aux besoins des diverses communautés. Il est important de rechercher et de soutenir des organisations et des initiatives réputées qui s'alignent sur les valeurs islamiques et répondent efficacement aux besoins des bénéficiaires. En outre, le maintien de la transparence et de la responsabilité dans les activités caritatives contribue à instaurer la confiance et à garantir la bonne utilisation des ressources.

**Faire des duas pour être guidé** : il est essentiel de rechercher la direction et les bénédictions d'Allah dans la pratique de la Zakat et de la charité. Faites des duas pour avoir la sagesse de donner efficacement, la sincérité de l'intention et la capacité d'aider ceux qui sont dans le besoin. Ayez confiance en la récompense et le soutien d'Allah lorsque vous remplissez vos obligations et contribuez au bien-être des autres.

En résumé, la zakat et la charité font partie intégrante de la pratique islamique, offrant des avantages à la fois spirituels et sociaux. La zakat, en tant qu'acte d'aumône obligatoire, purifie la richesse et aborde les disparités économiques, tandis que la sadaqah représente des actes de bonté volontaires qui améliorent le bien-être de la communauté. Comprendre les principes de la zakat et de la charité, les intégrer dans la vie quotidienne et relever les défis associés contribuent à remplir les obligations islamiques et à favoriser une culture de compassion et de générosité. Grâce à ces actes, les musulmans peuvent renforcer leur lien avec Allah, soutenir ceux qui sont dans le besoin et contribuer à l'amélioration de la société.

# Chapitre 17 : Hajj et Omra

Le Hajj et la Omra sont des pèlerinages importants dans l'islam qui revêtent une importance spirituelle et religieuse profonde. Le Hajj, l'un des cinq piliers de l'islam, est un pèlerinage annuel à La Mecque que tout musulman doit entreprendre au moins une fois dans sa vie s'il en a la possibilité. La Omra, bien que non obligatoire, est un pèlerinage fortement recommandé qui peut être effectué à tout moment de l'année. Ce chapitre explore les rituels, la signification et les bienfaits spirituels du Hajj et de la Omra, offrant une compréhension complète de ces voyages sacrés.

**Signification du Hajj :** Le Hajj est un pèlerinage profondément transformateur qui symbolise l'unité et la soumission des musulmans devant Allah. Il est effectué chaque année pendant le mois islamique de Dhu al-Hijjah, culminant avec la célébration de l'Aïd al-Adha. Le Hajj comprend une série de rituels, notamment le Tawaf (circumambulation autour de la Kaaba), le Sa'i (marche entre Safa et Marwah), la station debout à Arafat et la lapidation rituelle à Mina. Ces actes commémorent les actions du prophète Ibrahim (Abraham) et de sa famille, incarnant la soumission, le sacrifice et la dévotion.

**Les bienfaits spirituels du Hajj :** Le Hajj offre de nombreux bienfaits spirituels, notamment l'opportunité d'une profonde introspection, d'une purification spirituelle et d'un renouvellement de la foi. Le pèlerinage est un puissant rappel de l'égalité et de l'unité des musulmans, car des pèlerins d'horizons divers se rassemblent pour accomplir les mêmes rituels dans un esprit d'humilité et de soumission. Le Hajj est également un moment pour demander pardon et faire des supplications, avec la conviction que les péchés d'un pèlerin sincère sont pardonnés et qu'il revient comme s'il venait de naître.

**Préparation au Hajj :** La préparation au Hajj implique des préparatifs à la fois pratiques et spirituels. En pratique, les pèlerins doivent organiser leur voyage, obtenir les documents nécessaires et préparer leurs ressources physiques et financières. Sur le plan spirituel, la préparation implique d'approfondir ses connaissances sur les rituels, de demander le pardon des péchés passés et de formuler des intentions sincères. Les pèlerins sont encouragés à accomplir des actes d'adoration, tels que le jeûne et l'augmentation des prières, dans les mois précédant le Hajj pour préparer leur cœur et leur esprit.

**Les rituels du Hajj :** Les rituels du Hajj se déroulent sur plusieurs jours et sont profondément ancrés dans la tradition islamique. Les principaux rituels comprennent l'entrée en état d'Ihram, un état sacré de pureté et d'intention ; l'accomplissement du Tawaf, qui consiste à faire sept fois le tour de la Kaaba ; la pratique du Sa'i, c'est-à-dire la marche entre les collines de Safa et de Marwah ; la prière debout dans la plaine d'Arafat ; et la lapidation symbolique des Jamarat à Mina. Chaque rituel a une profonde signification spirituelle, commémorant les sacrifices et la foi du prophète Ibrahim et de sa famille.

**Comprendre la Omra :** La Omra est un pèlerinage qui peut être accompli à tout moment de l'année, contrairement au Hajj, qui a des dates spécifiques. Bien que la Omra ne soit pas obligatoire, elle est fortement recommandée et possède un grand mérite spirituel. Les rituels de la Omra sont similaires à ceux du Hajj mais sont moins étendus. Ils comprennent l'entrée en Ihram, l'accomplissement du Tawaf, du Sa'i et le rasage ou la coupe des cheveux. L'accomplissement de la Omra est censé apporter d'immenses récompenses spirituelles et peut servir de moyen de se rapprocher d'Allah.

**Les bienfaits spirituels de la Omra :** La Omra offre des bienfaits spirituels tels que la purification de l'âme, le renouvellement de la foi et la recherche du pardon d'Allah. L'acte d'accomplir la Omra démontre la dévotion et la soumission à Allah et offre une opportunité de réflexion et de développement personnel. C'est un moyen de renforcer sa relation avec Allah et de rechercher Ses bénédictions et Sa miséricorde.

**Préparation à la Omra :** La préparation à la Omra implique des étapes similaires à celles du Hajj, notamment les dispositions logistiques et la préparation spirituelle. Les pèlerins doivent se familiariser avec les rituels et formuler des intentions sincères avant de se lancer dans le voyage. Veiller à ce que tous les aspects du pèlerinage soient accomplis avec dévotion et sincérité améliore l'expérience spirituelle de la Omra.

**L'impact du Hajj et de la Omra sur le pèlerin :** Le Hajj et la Omra ont tous deux un impact profond sur le bien-être spirituel, psychologique et social du pèlerin. L'expérience de se trouver dans les villes saintes de La Mecque et de Médine, de participer aux rituels et de s'engager dans des actes d'adoration favorise un profond sentiment de connexion spirituelle et de paix intérieure. Le pèlerinage renforce également les valeurs d'humilité, de gratitude et d'empathie, car les pèlerins réfléchissent à leur place au sein de la Oumma musulmane.

**Le Hajj et la Omra sont des actes d'adoration :** Le Hajj et la Omra sont des actes d'adoration qui incarnent les principes de soumission, de sacrifice et de dévotion. Ils rappellent la nature transitoire de la vie terrestre et l'importance de donner la priorité à sa relation avec Allah. Les rituels accomplis lors de ces pèlerinages reflètent la profonde signification spirituelle de l'obéissance et de la révérence dans la vie d'un musulman.

**Réflexion post-pèlerinage :** après avoir accompli le Hajj ou la Omra, les pèlerins sont encouragés à réfléchir à leurs expériences et à chercher à mettre en pratique les leçons apprises dans leur vie quotidienne. Le pèlerinage sert de remise à zéro spirituelle, encourageant les individus à mener une vie de droiture, d'humilité et de dévotion. Le maintien des connaissances spirituelles acquises pendant le pèlerinage peut contribuer à une croissance personnelle continue et à un engagement plus profond envers les principes islamiques.

En résumé, le Hajj et la Omra sont des voyages spirituels profonds qui revêtent une signification profonde dans l'islam. Le Hajj, en tant que pèlerinage obligatoire, représente l'aboutissement de la soumission et de la dévotion, tandis que la Omra, en tant qu'acte volontaire, offre un renouveau et un mérite spirituels. Les deux pèlerinages offrent des occasions de réflexion profonde sur soi-même, de purification et de renforcement de la foi. La préparation et l'accomplissement de ces pèlerinages avec sincérité et dévotion renforcent leur impact spirituel et favorisent une connexion plus profonde avec Allah.

# Chapitre 18 : Faire face à l'isolement et à la solitude

L'isolement et la solitude sont des problèmes courants auxquels de nombreuses personnes sont confrontées. Pour les nouvelles musulmanes, ces sentiments peuvent être exacerbés par la transition vers une nouvelle foi et une nouvelle communauté. Pour gérer ces émotions, il faut comprendre leurs causes profondes, développer des stratégies d'adaptation et rechercher du soutien dans le cadre des enseignements islamiques. Ce chapitre explore les moyens de gérer et de surmonter l'isolement et la solitude, en soulignant l'importance des approches spirituelles et pratiques.

**Comprendre l'isolement et la solitude :** L'isolement désigne l'état d'être physiquement séparé des autres, tandis que la solitude est l'expérience émotionnelle de se sentir déconnecté, quelle que soit la proximité physique. Les nouvelles musulmanes peuvent ressentir ces sentiments en raison de divers facteurs, tels qu'un manque de familiarité avec la nouvelle communauté religieuse, des changements dans la dynamique sociale ou des ajustements personnels à de nouvelles pratiques religieuses. Reconnaître ces émotions et comprendre leurs sources est la première étape pour y faire face efficacement.

**Adopter une relation spirituelle :** L'islam souligne l'importance d'entretenir une relation solide avec Allah, qui peut apporter réconfort et compagnie en période d'isolement. Participer à des prières régulières, lire le Coran et faire des duas sont des moyens d'approfondir cette connexion spirituelle et de trouver du réconfort. La conscience de la présence d'Allah et de sa miséricorde peut aider à atténuer les sentiments de solitude et procurer un sentiment de paix intérieure et de soutien.

**Créer un réseau de soutien :** créer un réseau de soutien au sein de la communauté musulmane peut atténuer considérablement le sentiment d'isolement. Participez aux activités de la mosquée locale, rejoignez des groupes d'étude ou assistez à des événements sociaux organisés par la communauté. Entrer en contact avec d'autres musulmans qui partagent des expériences similaires peut offrir un soutien émotionnel et de la compagnie. Établir des relations avec d'autres personnes qui comprennent les défis de l'adaptation à une nouvelle foi peut procurer un sentiment d'appartenance et réduire le sentiment de solitude.

**Trouver des mentors et des modèles :** Demandez l'avis de femmes musulmanes expérimentées qui peuvent vous offrir soutien et conseils. Les mentors peuvent vous fournir des informations précieuses pour vous aider à surmonter les défis liés aux nouvelles pratiques religieuses et à vous intégrer dans la communauté. Ils peuvent également vous donner des conseils pratiques pour faire face à l'isolement et être une source d'encouragement et d'inspiration.

**S'engager dans le service communautaire :** Le bénévolat et la participation au service communautaire peuvent contribuer à atténuer le sentiment d'isolement en favorisant un sentiment d'utilité et de connexion. S'engager dans des activités caritatives ou contribuer à des projets communautaires peut créer des occasions de rencontrer de nouvelles personnes, de développer des relations significatives et de contribuer positivement à la communauté.

**Développer ses intérêts personnels :** poursuivre ses intérêts personnels et ses passe-temps peut être une façon constructive de gérer le sentiment de solitude. S'engager dans des activités que l'on aime ou explorer de nouveaux intérêts peut offrir un sentiment d'accomplissement et aider à se détourner de l'isolement. Qu'il s'agisse d'apprendre une nouvelle compétence, de poursuivre des efforts créatifs ou de participer à des activités récréatives, trouver des moyens de rester engagé peut améliorer le bien-être général.

**Maintenir un mode de vie sain :** la santé physique peut avoir un impact significatif sur le bien-être émotionnel. Veillez à maintenir une alimentation équilibrée, à faire régulièrement de l'exercice et à vous reposer suffisamment. La santé physique est étroitement liée à la santé mentale, et un mode de vie sain peut améliorer l'humeur et réduire le sentiment de solitude. L'intégration de pratiques de soins personnels dans votre routine peut vous aider à vous sentir plus ancré et connecté.

**Demander l'aide d'un professionnel :** Si les sentiments d'isolement et de solitude deviennent accablants, envisagez de demander l'aide de professionnels de la santé mentale. Les conseillers ou les thérapeutes peuvent fournir des stratégies et des outils pour faire face à ces émotions et offrir un espace sûr pour discuter et surmonter les défis personnels. Le soutien professionnel peut compléter les approches spirituelles et communautaires pour gérer la solitude.

**Pratiquer la gratitude et la réflexion :** pratiquer régulièrement la gratitude et la réflexion peut vous aider à vous concentrer sur les bienfaits de la vie plutôt que sur la solitude. Tenir un journal de gratitude, réfléchir à des expériences positives et reconnaître les petites joies de la vie quotidienne peut favoriser une vision plus positive et réduire le sentiment d'isolement.

**Maintenir les liens sociaux :** Même si la proximité physique est limitée, le maintien des liens sociaux par des moyens numériques peut contribuer à combler le fossé. Utilisez la technologie pour rester en contact avec votre famille et vos amis, participez à des groupes communautaires en ligne et participez à des événements virtuels. Rester connecté via les canaux numériques peut aider à entretenir des relations et à réduire le sentiment d'isolement.

**L' islam** propose de nombreux enseignements sur la manière de gérer la solitude et de rechercher du réconfort dans les moments de détresse. Le prophète Mahomet (sur lui la paix) et le Coran nous donnent des conseils sur la patience, la confiance en Allah et la recherche du réconfort par l'adoration. Réfléchir à ces enseignements et les appliquer à votre situation peut vous apporter un soutien spirituel et un sentiment de connexion.

**Fixez-vous des attentes réalistes :** s'adapter à une nouvelle foi et à une nouvelle communauté implique un processus d'adaptation et de patience. Fixez-vous des attentes réalistes et comprenez qu'il faut du temps pour établir des liens et surmonter le sentiment de solitude. Soyez indulgent avec vous-même et reconnaissez les progrès que vous faites en cours de route.

En résumé, faire face à l'isolement et à la solitude implique une approche à multiples facettes qui comprend des pratiques spirituelles, la création de liens communautaires, la poursuite d'intérêts personnels et la recherche d'un soutien professionnel si nécessaire. En adoptant les enseignements islamiques, en s'engageant dans la communauté et en maintenant un mode de vie sain, les nouvelles musulmanes peuvent surmonter ces défis et trouver un sentiment d'appartenance et d'épanouissement. Le chemin pour surmonter l'isolement et la solitude est un processus continu, mais avec de la patience, du soutien et de la foi, il est possible de trouver la paix et la connexion.

# Chapitre 19 : Gérer le stress et l'anxiété en tant que nouveau musulman

La transition vers une nouvelle foi et un nouveau mode de vie peut être à la fois exaltante et bouleversante, et souvent source de stress et d'anxiété. En tant que nouveau musulman, il est essentiel de gérer efficacement ces sentiments pour maintenir son bien-être émotionnel et favoriser un cheminement spirituel positif. Ce chapitre explore des stratégies de gestion du stress et de l'anxiété, intégrant à la fois les enseignements islamiques et des approches pratiques pour aider les nouveaux musulmans à naviguer sur leur nouveau chemin avec résilience et paix.

**Comprendre le stress et l'anxiété :** Le stress et l'anxiété sont des réactions naturelles aux défis et aux changements de la vie. Pour les nouveaux musulmans, ces sentiments peuvent être déclenchés par divers facteurs tels que l'adaptation à de nouvelles pratiques religieuses, l'intégration dans une nouvelle communauté ou l'équilibre entre la foi et les responsabilités personnelles et professionnelles existantes. Reconnaître ces émotions et comprendre leurs sources est la première étape pour les aborder de manière constructive.

**Pratiques spirituelles pour gérer le stress :** l'islam propose plusieurs pratiques spirituelles qui peuvent aider à soulager le stress et l'anxiété. La prière régulière (salah) offre un moment structuré de réflexion et de connexion avec Allah, offrant un sentiment de calme et de réconfort. S'engager dans le dhikr (souvenir d'Allah) et réciter des versets coraniques peut également apporter du réconfort et réduire l'anxiété. La pratique du dua (supplication) permet aux individus d'exprimer leurs inquiétudes et de rechercher le soutien et les conseils d'Allah dans les moments difficiles.

**Développer un réseau de soutien solide :** Construire un réseau de soutien au sein de la communauté musulmane peut aider à gérer les sentiments de stress et d'anxiété. Entrer en contact avec d'autres musulmans qui comprennent vos expériences et vos défis peut vous apporter un soutien émotionnel et des conseils pratiques. Participer à des événements communautaires, rejoindre des groupes d'étude et participer à des activités sociales peut créer un sentiment d'appartenance et réduire le sentiment d'isolement.

**Rechercher des connaissances et des conseils :** Acquérir une compréhension plus approfondie des enseignements et des pratiques islamiques peut atténuer l'anxiété liée aux pratiques religieuses. Apprendre les principes de l'islam, la signification de divers rituels et les enseignements du prophète Mahomet (sur lui la paix) peut apporter clarté et confiance. Demander conseil à des mentors compétents ou à des érudits musulmans peut aider à répondre à des préoccupations spécifiques et à rassurer.

**Prendre soin de soi et pratiquer la pleine conscience :** l'intégration de pratiques de soins personnels et de pleine conscience dans les routines quotidiennes peut aider à gérer le stress et l'anxiété. Des activités telles que la méditation, les exercices de respiration profonde et les techniques de relaxation peuvent favoriser le bien-être mental et émotionnel. De plus, le maintien d'un mode de vie sain grâce à une alimentation équilibrée, à des exercices réguliers et à un sommeil adéquat favorise la résilience globale et réduit les niveaux de stress.

**Fixer des objectifs et des attentes réalistes :** s'adapter à une nouvelle foi et à un nouveau mode de vie implique un certain apprentissage, et fixer des objectifs réalistes peut aider à gérer le stress. Évitez de vous submerger de pression pour maîtriser immédiatement tous les aspects de votre nouvelle foi. Concentrez-vous plutôt sur des progrès graduels, en fixant des objectifs réalisables et en célébrant les petits succès. Cette approche contribue à renforcer la confiance et à réduire les sentiments d'inadéquation ou de frustration.

**Trouver un équilibre et gérer ses responsabilités :** il peut être difficile de trouver un équilibre entre les obligations religieuses et les responsabilités personnelles et professionnelles. Établir une routine structurée qui comprend du temps pour la prière, le culte, le travail et les activités personnelles peut aider à gérer le stress et à maintenir un sentiment d'ordre. Prioriser les tâches, déléguer les responsabilités lorsque cela est possible et fixer des limites sont essentiels pour gérer la charge de travail et réduire le stress.

**Demander l'aide d'un professionnel** : Si le stress et l'anxiété deviennent accablants ou persistants, il peut être bénéfique de demander l'aide de professionnels de la santé mentale. Les thérapeutes ou les conseillers peuvent fournir des stratégies et des outils pour gérer l'anxiété et offrir un espace sûr pour discuter des défis personnels. Le soutien professionnel complète les pratiques spirituelles et le soutien communautaire pour répondre aux problèmes de santé mentale.

**Appliquer les enseignements islamiques sur la patience et la confiance** : l'islam enseigne l'importance de la patience (Sabr) et de la confiance (Tawakkul) dans le plan d'Allah. Réfléchir à ces enseignements peut apporter réconfort et perspective dans les moments de stress. Comprendre que les épreuves font partie de la vie et faire confiance à la sagesse d'Allah peut aider à se concentrer sur des préoccupations immédiates et à adopter une perspective plus large et plus optimiste.

**Participer à des activités positives** : Participer à des activités qui apportent joie et épanouissement peut aider à gérer le stress et à améliorer le bien-être émotionnel. Pratiquez des passe-temps, passez du temps avec vos proches et participez à des activités qui correspondent à vos intérêts et à vos valeurs. Les expériences et interactions positives peuvent soulager le stress et contribuer à une vie plus équilibrée et plus épanouissante.

**Créer un plan de soutien personnel** : Élaborez un plan de soutien personnel qui comprend des stratégies et des ressources pour gérer le stress et l'anxiété. Identifiez les activités qui vous aident à vous détendre, contactez des personnes ou des groupes qui vous soutiennent et établissez des routines qui favorisent le bien-être. Le fait d'avoir un plan en place peut donner un sentiment de contrôle et de préparation face à des situations difficiles.

En résumé, la gestion du stress et de l'anxiété en tant que nouveau musulman implique une combinaison de pratiques spirituelles, de soutien communautaire, de soins personnels et de stratégies pratiques. Adopter les enseignements islamiques, rechercher la connaissance et maintenir un mode de vie équilibré peuvent aider à atténuer les sentiments de stress et d'anxiété. En se fixant des objectifs réalistes, en recherchant l'aide d'un professionnel si nécessaire et en s'engageant dans des activités positives, les nouveaux musulmans peuvent traverser leur parcours avec résilience et paix. Le processus de gestion du stress et de l'anxiété est continu, mais avec de la patience, du soutien et de la foi, il est possible de cultiver un sentiment de calme et de bien-être.

# Chapitre 20 : Surmonter les idées fausses culturelles et religieuses

Les idées fausses sur la culture et la religion peuvent avoir un impact considérable sur l'expérience des nouvelles musulmanes, créant souvent des obstacles à la compréhension et à l'acceptation. Ces idées fausses peuvent provenir de malentendus sur les croyances et les pratiques islamiques, ainsi que de différences culturelles. Pour surmonter ces idées fausses, il faut de l'éducation, du dialogue et une approche ouverte. Ce chapitre explore les stratégies permettant d'aborder et de surmonter les idées fausses sur la culture et la religion, à la fois en soi et dans les interactions avec les autres.

**Comprendre les idées fausses :** les idées fausses sur l'islam et les pratiques musulmanes proviennent souvent d'un manque d'informations précises et d'exposition. Ces idées fausses peuvent inclure des stéréotypes sur les pratiques islamiques, des malentendus sur les obligations religieuses et une confusion sur les traditions culturelles et religieuses. Il est essentiel de comprendre les causes profondes de ces idées fausses pour les combattre efficacement.

**S'instruire et éduquer les autres :** L'éducation est l'un des moyens les plus efficaces pour surmonter les idées fausses. En tant que nouveau musulman, investir du temps dans l'apprentissage des enseignements, de l'histoire et des pratiques culturelles de l'islam peut vous apporter clarté et confiance. La compréhension des principes fondamentaux de l'islam, tels que les cinq piliers, les enseignements du prophète Mahomet (sur lui la paix) et la signification du Coran, vous permet de répondre avec précision aux malentendus.

**Engager un dialogue ouvert :** Un dialogue ouvert et respectueux est essentiel pour dissiper les idées fausses. Engagez des conversations avec vos amis, votre famille et vos collègues sur l'islam et ses pratiques. Partagez vos expériences et expliquez les aspects de l'islam qui peuvent être mal compris. Abordez ces conversations avec patience et empathie, en reconnaissant que changer des croyances profondément ancrées prend du temps.

**Lutter contre les stéréotypes et les malentendus** : les stéréotypes sur les femmes musulmanes, comme les idées fausses sur la pudeur, le hijab et les rôles au sein de la famille, peuvent être particulièrement difficiles à cerner. Il est important de s'attaquer directement à ces stéréotypes et de les contextualiser. Par exemple, expliquer les diverses pratiques culturelles du monde musulman et le choix personnel derrière le port du hijab peut contribuer à dissiper les mythes et à promouvoir une compréhension plus nuancée.

**Mettre en avant les valeurs communes** : Mettre en avant les valeurs communes partagées par l'islam et d'autres systèmes de croyances peut contribuer à combler les écarts et à favoriser le respect mutuel. Discuter de principes communs tels que la compassion, la justice et les valeurs familiales peut créer un terrain d'entente et remettre en question les stéréotypes négatifs. En mettant en avant ces points communs, vous pouvez créer des liens et encourager une vision plus positive de l'islam.

**Exploiter les médias et les ressources** : L'utilisation de ressources médiatiques précises et fiables peut contribuer à surmonter les idées fausses. Partagez des articles éducatifs, des livres, des documentaires et des sites Web qui fournissent des informations factuelles sur l'islam et les pratiques musulmanes. Les ressources médiatiques peuvent offrir un aperçu des diverses expériences des musulmans et remettre en question les stéréotypes dominants.

**Établir des relations positives** : Développer des relations positives avec des personnes d'horizons divers peut aider à contrer les idées fausses. Participez à des activités communautaires, à du travail bénévole et à des événements interconfessionnels qui favorisent la compréhension et la collaboration. Établir des relations fondées sur le respect mutuel et des objectifs communs peut dissiper les idées fausses et favoriser un environnement plus inclusif.

**Incarner les valeurs islamiques :** démontrer les valeurs islamiques par vos actions et votre comportement peut avoir un impact puissant sur la perception des autres. Incarnez des principes tels que l'honnêteté, la gentillesse et le respect dans vos interactions. En incarnant ces valeurs, vous pouvez remettre en question les stéréotypes négatifs et mettre en avant les aspects positifs de l'islam.

**Rechercher le soutien des dirigeants communautaires :** les dirigeants communautaires et les organisations islamiques peuvent jouer un rôle crucial pour lutter contre les idées fausses et promouvoir la compréhension. Recherchez le soutien des dirigeants des mosquées locales, des éducateurs islamiques et des militants communautaires qui peuvent vous fournir des conseils et des ressources pour la sensibilisation éducative. Les efforts de collaboration avec ces dirigeants peuvent amplifier le message et atteindre un public plus large.

**Encourager l'apprentissage continu :** Favoriser une culture d'apprentissage continu et de curiosité à l'égard de l'islam. Encourager les autres à poser des questions, à rechercher des connaissances et à explorer davantage les enseignements de l'islam. Offrir des possibilités d'apprentissage, telles que des conférences, des ateliers et des groupes de discussion, peut aider à lutter contre les idées fausses et à promouvoir une compréhension éclairée.

**Lutter contre les idées fausses au sein de la communauté musulmane :** des idées fausses peuvent également surgir au sein de la communauté musulmane, notamment en ce qui concerne les pratiques culturelles et les interprétations des enseignements islamiques. L'engagement dans un dialogue interne et l'éducation au sein de la communauté peuvent permettre de résoudre ces problèmes et de promouvoir une compréhension plus précise et unifiée de l'islam.

**Comprendre les différences culturelles :** Il est important de faire la distinction entre les pratiques culturelles et les enseignements religieux pour lutter contre les idées fausses. De nombreuses pratiques attribuées à l'islam peuvent en fait être ancrées dans des traditions culturelles spécifiques plutôt que dans des principes islamiques. Clarifiez ces distinctions pour éviter de confondre les pratiques culturelles avec les obligations religieuses.

**Promouvoir une représentation positive des musulmans dans les médias :** plaider en faveur d'une représentation exacte et positive des musulmans dans les médias. Soutenir les projets et initiatives médiatiques qui mettent en valeur la diversité et les contributions des musulmans. Les représentations positives dans les médias peuvent contribuer à contrecarrer les stéréotypes et à offrir une vision plus équilibrée de l'islam et des communautés musulmanes.

**Répondre aux critiques de manière constructive :** face à des critiques ou à des commentaires négatifs sur l'islam, répondez de manière constructive et respectueuse. Profitez de ces occasions pour fournir des informations exactes et remédier aux idées fausses. Gardez une attitude calme et posée et concentrez-vous sur la promotion de la compréhension plutôt que sur l'engagement dans un conflit.

**Développer sa résilience personnelle :** surmonter les idées fausses peut être difficile et peut impliquer de faire face à des préjugés ou à de l'hostilité. Développer sa résilience personnelle et maintenir une forte estime de soi peut aider à surmonter ces difficultés. Appuyez-vous sur votre foi, recherchez le soutien de votre communauté et restez déterminé à promouvoir la compréhension et le dialogue.

**Encourager les initiatives interconfessionnelles :** Soutenir et participer à des initiatives interconfessionnelles qui favorisent le respect et la compréhension mutuels. Engager des discussions et des projets collaboratifs avec des personnes de différentes confessions religieuses peut contribuer à faire tomber les barrières et à favoriser une société plus inclusive et mieux informée.

**Évaluer les progrès et adapter les stratégies :** évaluez régulièrement l'efficacité de vos efforts pour remédier aux idées fausses et soyez ouvert à l'adaptation de vos stratégies si nécessaire. Réfléchissez aux progrès réalisés, demandez des commentaires et continuez à rechercher des occasions d'éducation et de dialogue.

En résumé, surmonter les idées fausses sur la culture et la religion implique une approche à multiples facettes qui comprend l'éducation, le dialogue et l'engagement positif. En comprenant les causes profondes des idées fausses, en vous éduquant vous-même et en éduquant les autres et en participant activement à des initiatives communautaires et interconfessionnelles, vous pouvez contribuer à dissiper les mythes et à favoriser une compréhension plus précise et plus respectueuse de l'islam. Adopter ces stratégies avec patience et résilience peut contribuer à une société plus inclusive et mieux informée.

# Chapitre 21 : Les droits des femmes en Islam

Les enseignements islamiques sur les droits des femmes sont souvent mal compris ou mal interprétés, ce qui conduit à diverses idées fausses sur le rôle et le statut des femmes dans l'islam. Ce chapitre vise à clarifier ces enseignements, en mettant en évidence les droits et les responsabilités des femmes tels qu'ils sont décrits dans le Coran et la Sunnah. En explorant le contexte historique, les preuves scripturales et les implications pratiques, nous souhaitons fournir une compréhension globale des droits des femmes dans l'islam.

**Contexte historique des droits des femmes en islam :** L'avènement de l'islam a apporté des réformes importantes au statut et aux droits des femmes dans l'Arabie du VIIe siècle, où les femmes étaient souvent marginalisées et privées de droits fondamentaux. L'islam a introduit des mesures pour protéger la dignité des femmes, garantir leurs droits économiques et sociaux et promouvoir leur bien-être. Ces réformes étaient révolutionnaires pour l'époque et ont jeté les bases de la reconnaissance des droits des femmes.

**Égalité et dignité :** Le Coran met l'accent sur la dignité et l'égalité inhérentes à tous les êtres humains, y compris les femmes. Dans la sourate An-Nisa (4:32), il est dit : « Et les hommes ne sont pas comme les femmes. » Ce verset est souvent interprété dans le contexte de rôles complémentaires, et non en termes de supériorité ou d'infériorité. Les principes d'égalité du Coran soulignent que les hommes et les femmes sont égaux dans leur valeur spirituelle et dans leur responsabilité envers Allah.

**Droits à l'éducation et au savoir :** L'islam encourage les hommes comme les femmes à rechercher le savoir. Le prophète Mahomet (sur lui la paix et le salut) a souligné l'importance de l'éducation pour tous les musulmans, quel que soit leur sexe. Le célèbre hadith « La recherche du savoir est une obligation pour tout musulman » (Ibn Majah) souligne que l'éducation est un droit fondamental pour les femmes, leur permettant de contribuer efficacement à la société et de réaliser leur potentiel personnel.

**Droits à la propriété et indépendance financière :** les femmes en islam ont le droit de posséder, de gérer et d'hériter des biens. Le Coran accorde explicitement aux femmes le droit d'hériter des biens de leurs proches (Sourate An-Nisa, 4:7), une réforme importante dans l'Arabie préislamique où les femmes n'avaient aucun droit d'héritage. Les femmes peuvent également se lancer dans les affaires, gagner un revenu et gérer leurs finances de manière indépendante.

**Droits du mariage et de la famille :** L'islam accorde aux femmes des droits spécifiques dans le cadre de l'institution du mariage. Le consentement de la femme est requis pour le mariage, ce qui lui permet de participer au choix de son conjoint (Sourate An-Nisa, 4:19). Le Coran souligne également l'importance du respect mutuel, de la bonté et de la justice dans le mariage, et le prophète Mahomet (sur lui la paix) a souligné la nécessité d'un traitement équitable des épouses. Les femmes ont également droit à un contrat matrimonial qui définit leurs droits et leurs responsabilités.

**Droits en cas de divorce et de garde des enfants :** En cas de divorce, la loi islamique accorde aux femmes le droit à un traitement équitable et à une aide financière. Le Coran décrit les dispositions relatives à l'iddah (période d'attente) et à l'entretien pendant cette période (Sourate Al-Baqarah, 2:241). Les femmes ont également le droit de demander le divorce dans certaines circonstances, appelées « Talaq » et « Khula », ce qui garantit qu'elles ne se retrouvent pas piégées dans des situations défavorables. La loi islamique aborde également les droits de garde, en accordant la priorité au bien-être des enfants et en veillant à ce que les deux parents contribuent à leur éducation.

**Protection contre les abus :** l'islam condamne toutes les formes d'abus et de violence contre les femmes. Le Coran prône la gentillesse et le respect dans toutes les interactions (Sourate An-Nisa, 4:36), et le prophète Mahomet (sur lui la paix) s'est prononcé fermement contre la violence domestique, affirmant que les meilleurs croyants sont ceux qui sont les meilleurs pour leur famille. L'islam fournit des cadres juridiques et éthiques pour protéger les femmes contre les préjudices et assurer leur sécurité.

**Participation à la vie publique** : En Islam, les femmes ont le droit de participer à la vie publique et sociale. Parmi les exemples historiques, on peut citer des figures féminines de premier plan telles que Khadijah bint Khuwaylid, une femme d'affaires prospère, et Aisha bint Abu Bakr, une érudite et conseillère réputée. L'Islam soutient l'implication des femmes dans divers domaines, notamment la politique, l'éducation et le service communautaire, reflétant ainsi leur rôle actif dans la société.

**Combattre les idées fausses** : Les idées fausses sur les droits des femmes dans l'islam découlent souvent de pratiques culturelles ou d'interprétations erronées des enseignements de l'islam. Il est important de faire la distinction entre les traditions culturelles et les principes religieux, car certaines pratiques attribuées à l'islam peuvent en réalité être culturelles plutôt que religieuses. Pour combattre ces idées fausses, il faut bien comprendre les sources islamiques et faire la distinction entre les normes culturelles et les directives religieuses.

**Applications contemporaines** : Dans les contextes contemporains, les principes des droits des femmes dans l'islam peuvent être appliqués pour répondre aux défis actuels et promouvoir l'égalité des sexes. La défense des droits des femmes sur la base des enseignements de l'islam implique de travailler à des réformes juridiques, des opportunités éducatives et des systèmes de soutien social qui s'alignent sur les valeurs de justice et de respect décrites dans le Coran et la Sunnah.

**Promouvoir l'égalité des sexes** : les enseignements de l'islam sur les droits des femmes mettent l'accent sur la justice, le respect et l'égalité. Promouvoir l'égalité des sexes implique de mettre en œuvre ces principes dans les contextes personnels et sociétaux. Soutenir les initiatives qui améliorent l'accès des femmes à l'éducation, aux soins de santé et aux opportunités économiques peut contribuer à atteindre les objectifs d'égalité des sexes conformément aux valeurs islamiques.

**Encourager l'autonomisation** : L'autonomisation des femmes implique de reconnaître leurs droits, de soutenir leur développement personnel et de leur permettre de participer activement à la société. Les enseignements de l'Islam encouragent l'autonomisation des femmes en leur fournissant les outils et les opportunités pour réussir et contribuer positivement à leur communauté.

**Réflexion sur les enseignements de l'islam** : comprendre et réfléchir sur les enseignements de l'islam concernant les droits des femmes peut favoriser une perspective plus précise et plus éclairée. Le dialogue avec des érudits musulmans, la participation à des programmes éducatifs et l'étude du Coran et des hadiths peuvent améliorer la compréhension et l'application de ces principes dans la vie quotidienne.

En résumé, les droits des femmes en Islam sont ancrés dans les principes d'égalité, de dignité et de justice. Le Coran et la Sunnah fournissent des lignes directrices complètes qui soutiennent les droits des femmes à l'éducation, à la propriété, au mariage et à la participation publique tout en condamnant les abus et en promouvant le respect. La lutte contre les idées fausses et l'application de ces principes dans les contextes contemporains peuvent contribuer à promouvoir l'égalité des sexes et à autonomiser les femmes conformément aux enseignements de l'Islam. Grâce à l'éducation, au plaidoyer et à l'application pratique, les droits et les rôles des femmes en Islam peuvent être mieux compris et adoptés, contribuant ainsi à une société plus juste et plus équitable.

# Chapitre 22 : Mariage et vie de famille

Le mariage et la vie de famille en Islam sont des éléments centraux de la foi, incarnant les principes d'amour, de respect et de responsabilité mutuelle. Ce chapitre explore la perspective islamique sur le mariage et la vie de famille, en soulignant les droits et les responsabilités des époux, le rôle de la famille dans les enseignements islamiques et des conseils pratiques pour construire et maintenir une vie de famille saine et harmonieuse.

**Le concept du mariage en Islam :** Dans l'Islam, le mariage est considéré comme un contrat sacré et un moyen de satisfaire des besoins émotionnels, sociaux et spirituels. Il est considéré comme un partenariat basé sur l'amour mutuel, le respect et la coopération. Le Coran décrit le mariage comme une source de tranquillité et de camaraderie, affirmant dans la sourate Ar-Rum (30:21) : « Parmi Ses signes, Il a créé de vous-mêmes pour vous des épouses afin que vous trouviez en elles la tranquillité. »

**L'importance du consentement :** Le consentement est un aspect fondamental du mariage islamique. Les deux parties doivent accepter le mariage, et le consentement de la mariée est essentiel à la validité du contrat de mariage. Le prophète Mahomet (sur lui la paix et le salut) a souligné l'importance du consentement mutuel en disant : « Une femme peut être mariée pour quatre raisons : sa richesse, sa lignée, sa beauté et son engagement religieux. Choisissez celui qui est religieux et vous prospérerez » (Sahih al-Bukhari). Ce hadith souligne que l'engagement religieux et le respect mutuel sont des facteurs clés pour un mariage réussi.

**Droits et responsabilités des époux :** Dans l'islam, le mari et la femme ont tous deux des droits et des responsabilités spécifiques. Le mari est généralement considéré comme le pourvoyeur et le protecteur de la famille, tandis que la femme est reconnue comme la maîtresse de maison et la partenaire. Le Coran demande aux hommes de traiter leurs épouses avec gentillesse et respect, comme le précise la sourate An-Nisa (4:19) : « Vis avec elles avec gentillesse. » De même, les femmes sont encouragées à soutenir et à respecter leur mari, contribuant ainsi à une relation équilibrée et solidaire.

**Le contrat de mariage (Nikah) :** Le Nikah, ou contrat de mariage, est un accord formel qui définit les droits et les responsabilités des deux époux. Il comprend des dispositions telles que le Mahr (dot), qui est un don obligatoire du mari à sa femme. Le contrat de mariage sert de cadre juridique et éthique au mariage, garantissant clarté et compréhension mutuelle.

**Construire une relation solide :** Construire un mariage réussi implique des efforts continus pour entretenir la relation. Une communication efficace, un respect mutuel et des objectifs communs sont essentiels pour maintenir un partenariat sain et harmonieux. Le prophète Mahomet (sur lui la paix et le salut) a souligné l'importance d'un bon caractère et de la patience dans le mariage, en disant : « Les meilleurs d'entre vous sont ceux qui sont les meilleurs pour leur famille » (Tirmidhi).

**Être parent et vivre en famille :** L'éducation des enfants est une responsabilité importante dans l'islam, et l'on insiste beaucoup sur l'importance d'éduquer les enfants en leur inculquant un bon caractère et de bonnes valeurs. Le Coran et les hadiths fournissent des conseils sur la manière d'être parent efficace, notamment sur l'importance de créer un environnement aimant et favorable. Le prophète Mahomet (sur lui la paix) a encouragé les parents à éduquer leurs enfants en disant : « Enseignez à vos enfants de bonnes manières et nourrissez-les bien » (Ahmad).

**Maintenir les liens familiaux :** Les liens familiaux forts sont très importants en Islam. Entretenir des relations étroites avec les membres de la famille élargie et honorer les parents sont des aspects essentiels de la vie de famille. Le Coran demande aux croyants d'être dévoués à leurs parents et de maintenir les liens familiaux, comme on le voit dans la sourate Al-Isra (17:23) : « Et votre Seigneur a décrété que vous n'adoriez que Lui, et que vous soyez bien traités envers vos parents. »

**Résolution des conflits** : Les conflits et les désaccords sont naturels dans toute relation. L'islam fournit des lignes directrices pour résoudre les conflits avec patience, équité et consultation mutuelle. Le Coran conseille de résoudre les conflits à l'amiable et de rechercher la réconciliation, comme le précise la sourate An-Nisa (4:128) : « Et si une femme craint de son mari un sentiment de mauvaise conduite ou de dérobade, il n'y a pas de blâme sur eux deux s'ils concluent entre eux des accords de paix. »

**Équilibrer vie familiale et vie personnelle** : Trouver un équilibre entre responsabilités familiales et objectifs personnels et professionnels est un défi auquel de nombreuses personnes sont confrontées. L'islam encourage une approche équilibrée, soulignant l'importance de remplir ses obligations familiales tout en recherchant l'épanouissement personnel et en contribuant à la société. Le prophète Mahomet (sur lui la paix) a donné l'exemple de cet équilibre dans sa propre vie, en faisant preuve de dévouement à la fois envers sa famille et sa communauté.

**Lignes directrices islamiques concernant les rôles des hommes et des femmes** : les enseignements islamiques définissent les rôles complémentaires des hommes et des femmes au sein de la famille, en mettant l'accent sur le soutien mutuel et la coopération. Si les rôles traditionnels peuvent influencer la dynamique familiale, l'islam prône la flexibilité et la compréhension, permettant l'adaptation des rôles en fonction des circonstances et des besoins individuels.

**Le rôle de l'amour et de la compassion** : L'amour et la compassion sont fondamentaux dans le mariage et la vie de famille islamiques. Le Coran décrit la relation entre les époux comme une relation d'amour et de miséricorde, affirmant dans la sourate Ar-Rum (30:21) : « Et Il a mis entre vous affection et miséricorde. » Cultiver l'amour et la compassion implique de faire preuve d'empathie, de gentillesse et de soutien dans les interactions quotidiennes et dans les événements importants de la vie.

**Soutenir les objectifs de l'autre :** Il est important dans un mariage de s'encourager et de se soutenir mutuellement dans ses objectifs personnels et professionnels. Les partenaires doivent travailler ensemble pour réaliser leurs aspirations tout en maintenant un environnement favorable et stimulant. L'encouragement mutuel et les objectifs partagés contribuent à un partenariat épanouissant et réussi.

**Faire face aux défis extérieurs :** Les défis extérieurs, comme les difficultés financières ou les pressions sociales, peuvent avoir un impact sur la vie de famille. L'islam encourage la résilience et le soutien mutuel dans les moments difficiles. Le prophète Mahomet (sur lui la paix) a donné des conseils pour faire face aux difficultés avec patience et confiance en Allah, montrant comment surmonter les pressions extérieures tout en maintenant des liens familiaux solides.

**Célébrer les étapes importantes et les réussites :** Célébrer les étapes importantes et les réussites, tant personnelles que collectives, favorise un sentiment d'unité et d'appréciation au sein de la famille. L'islam encourage la reconnaissance des réalisations et l'expression de la gratitude, contribuant ainsi à un environnement familial positif et solidaire.

**Demander conseil et soutien :** demander conseil à des érudits et conseillers musulmans peut être utile pour résoudre des problèmes complexes liés au mariage et à la vie de famille. Les conseils et le soutien de professionnels peuvent fournir des informations et des solutions précieuses, aidant les individus à surmonter les difficultés et à renforcer leurs relations familiales.

**Réflexion sur les enseignements islamiques :** Réfléchir aux enseignements islamiques sur le mariage et la vie de famille peut permettre une compréhension et une appréciation plus profondes de ces principes. L'étude du Coran, des Hadiths et de la vie du prophète Mahomet (sur lui la paix) et de ses compagnons peut offrir de précieuses leçons et une inspiration pour favoriser un environnement familial aimant et solidaire.

En résumé, le mariage et la vie de famille en Islam sont guidés par les principes d'amour, de respect et de responsabilité mutuelle. Les enseignements du Coran et des Hadiths fournissent un cadre pour construire et entretenir des relations saines, résoudre les conflits et remplir les obligations familiales. En appliquant ces principes et en recherchant des conseils lorsque cela est nécessaire, les individus peuvent favoriser des relations familiales solides et harmonieuses, contribuant ainsi à une vie épanouissante et équilibrée conformément aux valeurs islamiques.

# Chapitre 23 : Divorce et séparation en Islam

Le divorce et la séparation sont des aspects sensibles et souvent difficiles de la vie familiale. Dans l'islam, ces processus sont régis par des principes visant à garantir l'équité, le respect et la protection des droits de toutes les parties concernées. Ce chapitre explore la perspective islamique sur le divorce et la séparation, en décrivant les enseignements, les procédures et les lignes directrices pertinents pour traverser ces processus avec dignité et compassion.

**Le point de vue de l'islam sur le divorce :** l'islam reconnaît le divorce comme un acte licite mais détestable, destiné à être utilisé en dernier recours lorsque la réconciliation n'est pas possible. Le Coran aborde le sujet du divorce dans la sourate Al-Baqarah (2:231) en déclarant : « Et lorsque vous divorcez d'une femme et qu'elle a atteint son terme, gardez-la convenablement ou libérez-la convenablement. » Ce verset souligne l'importance de se traiter mutuellement avec gentillesse et respect tout au long du processus.

**Types de divorce :** Le divorce islamique peut survenir par plusieurs mécanismes, notamment :

1. **Divorce par le mari (talaq) :** c'est le mari qui prend l'initiative de cette forme de divorce. La procédure implique une période d'attente ('iddah) pendant laquelle la femme ne peut pas se remarier. Cette période d'attente permet la réflexion, la réconciliation et garantit que les éventuels enfants issus du mariage soient reconnus.

2. **Khula (divorce par l'épouse) :** l'épouse peut demander le divorce par le biais du khula si elle n'est pas satisfaite du mariage. Cette procédure exige que l'épouse restitue le mahr (dot) ou une compensation convenue au mari. Le khula permet à l'épouse d'initier le divorce tout en préservant sa

dignité.

3. **Accord mutuel** : les deux époux peuvent décider de divorcer par consentement mutuel. Cette approche implique des négociations et des accords sur les conditions, telles que les règlements financiers et les modalités de garde, afin de garantir l'équité pour les deux parties.

**Le processus de divorce** : Le processus de divorce comporte plusieurs étapes pour garantir qu'il se déroule de manière équitable et respectueuse :

1. **Début de la procédure de divorce** : Le mari ou la femme entame la procédure de divorce selon le mécanisme choisi. Dans le cas du talaq, le mari déclare le divorce en présence de témoins, en respectant les délais d'attente prescrits.
2. **Période de carence ('Iddah)** : La période de carence permet de se réconcilier et de reconnaître les éventuels enfants. Pendant cette période, l'épouse reste au domicile conjugal et bénéficie d'une pension alimentaire et d'un soutien.
3. **Finalisation du divorce** : Après la période d'attente, si la réconciliation n'a pas eu lieu, le divorce est finalisé. Le couple doit régler les obligations financières et le partage des biens. Cette phase consiste à s'assurer que tous les droits sont respectés et que les deux parties sont traitées de manière équitable.

**Droits et responsabilités** : Les enseignements islamiques mettent l'accent sur la protection des droits et des responsabilités lors du divorce :

1. **Soutien financier** : Le mari est tenu de fournir un soutien financier pendant la période d'attente. Cela comprend l'entretien et le logement, en veillant à ce que la femme ne se

retrouve pas dans une situation vulnérable.

2. **Garde des enfants :** les modalités de garde sont basées sur le bien-être des enfants. La loi islamique accorde la priorité aux intérêts supérieurs des enfants, en tenant compte de facteurs tels que leur âge et leurs besoins. Les deux parents ont des droits et des responsabilités dans l'éducation et les soins de leurs enfants.

3. **Propriété et dot :** La répartition des biens et de la dot est régie par les principes islamiques. L'épouse a droit à sa dot et à tout règlement financier convenu. Les biens acquis pendant le mariage sont généralement répartis sur la base d'accords mutuels ou de cadres juridiques.

**Soutien émotionnel et social :** le divorce peut être un défi émotionnel pour les deux parties. L'islam encourage la compassion et le soutien pendant cette période. La recherche de soutien auprès de la famille, des amis et des ressources communautaires peut aider les personnes à gérer les aspects émotionnels du divorce et à faire la transition vers une nouvelle phase de la vie.

**Réconciliation et remariage :** l'islam encourage la réconciliation comme solution privilégiée avant de finaliser le divorce. Le Coran souligne l'importance de donner au mariage toutes les chances possibles et de rechercher une médiation si nécessaire. En cas de divorce, le remariage est autorisé et les individus sont encouragés à rechercher de nouvelles relations avec respect et considération.

**Éliminer les idées fausses :** Les idées fausses sur le divorce dans l'islam découlent souvent de pratiques culturelles ou de malentendus. Il est important de faire la distinction entre les normes culturelles et les enseignements de l'islam. La loi islamique fournit des directives claires pour garantir que le divorce soit mené de manière équitable et respectueuse, en mettant l'accent sur la protection des droits de toutes les parties concernées.

**Considérations juridiques et éthiques** : Outre les principes religieux, le divorce peut impliquer des considérations juridiques et éthiques, en particulier dans les contextes contemporains. Il est important de demander un avis juridique et de s'assurer que la procédure de divorce respecte les exigences juridiques islamiques et locales. Les considérations éthiques incluent le maintien de l'intégrité, de l'honnêteté et du respect tout au long du processus.

**Réflexion et croissance personnelle** : Le divorce peut être une occasion de réflexion et de croissance personnelle. L'islam encourage les individus à chercher à s'améliorer, à tirer des leçons de leurs expériences et à maintenir une attitude positive. Réfléchir aux leçons tirées du mariage et du divorce peut contribuer au développement personnel et aux relations futures.

**Communauté et réseaux de soutien** : s'engager auprès de réseaux communautaires de soutien peut apporter une aide précieuse pendant et après le divorce. Les organisations islamiques, les services de conseil et les groupes de soutien peuvent offrir des conseils, des ressources et un soutien émotionnel pour aider les personnes à surmonter les défis du divorce et à reconstruire leur vie.

**Aller de l'avant** : Aller de l'avant après un divorce implique de reconstruire et de réorienter sa vie. L'Islam encourage les individus à aborder cette nouvelle phase avec optimisme et résilience. La poursuite d'objectifs personnels, la concentration sur les soins personnels et la participation à des activités communautaires peuvent contribuer à une vie post-divorce épanouissante et positive.

En résumé, le divorce et la séparation en Islam sont régis par des principes d'équité, de respect et de compassion. Le processus implique des procédures et des directives spécifiques conçues pour protéger les droits de toutes les parties et garantir une résolution digne. En comprenant et en appliquant ces principes, les individus peuvent traverser le divorce avec intégrité et construire les bases d'une croissance et d'un bien-être futurs.

# Chapitre 24 : La parentalité en Islam

En Islam, l'éducation des enfants est considérée comme une responsabilité importante et noble, qui consiste à les orienter et à les éduquer conformément aux valeurs islamiques. Ce chapitre explore les principes et les pratiques de l'éducation des enfants en Islam, en soulignant les droits et les responsabilités des parents, l'importance de l'éducation et le rôle de la foi dans l'éducation des enfants.

**Le rôle des parents :** En Islam, les parents sont considérés comme les principaux pourvoyeurs de soins et d'éducation de leurs enfants. Le Coran souligne l'importance de l'éducation des enfants, en déclarant dans la sourate Luqman (31:13-14) : « Et [rappelez-vous] quand Luqman dit à son fils, tout en l'exhortant : « Ô mon fils, n'associe pas Allah. En vérité, Lui associer d'autres personnes est une grande injustice. » Et Nous avons enjoint à l'homme de prendre soin de ses parents. Sa mère l'a porté faiblesse sur faiblesse, et son sevrage est prévu dans deux ans. Sois reconnaissant envers Moi et envers tes parents. C'est vers Moi que se trouve la fin. »

**Inculquer les valeurs islamiques :** Enseigner aux enfants les valeurs et les principes de l'islam est un aspect fondamental de l'éducation des enfants. Les parents sont encouragés à donner l'exemple et à transmettre des valeurs telles que l'honnêteté, la gentillesse, la patience et le respect. Le prophète Mahomet (que la paix soit sur lui) a souligné l'importance d'un bon caractère en disant : « Les meilleurs d'entre vous sont ceux qui sont les meilleurs pour leur famille » (Tirmidhi). En incarnant ces valeurs, les parents aident leurs enfants à développer une base morale solide.

**Éducation et savoir :** L'éducation est très importante dans l'islam et les parents sont encouragés à offrir à leurs enfants une éducation religieuse et laïque. Le prophète Mahomet (sur lui la paix) a dit : « La recherche du savoir est une obligation pour tout musulman » (Ibn Majah). Cela comprend l'enseignement du Coran, des hadiths et des principes islamiques aux enfants, ainsi que la garantie qu'ils reçoivent une éducation complète qui les prépare aux différents aspects de la vie.

**Apporter un soutien affectif :** Le soutien affectif et l'affection sont essentiels à un développement sain. Le prophète Mahomet (sur lui la paix et le salut) a fait preuve d'affection envers les enfants, en faisant souvent preuve de bonté et de tendresse. Le Coran recommande également aux parents d'être compatissants et compréhensifs, comme le montre la sourate Al-Furqan (25:74) : « Et ceux qui disent : « Notre Seigneur, accorde-nous parmi nos épouses et nos descendants la douceur des yeux, et fais de nous un exemple pour les pieux. »

**Discipline et orientation :** La discipline en Islam est censée être corrective et constructive, plutôt que punitive. Le Coran encourage un traitement juste et équitable, comme le stipule la sourate An-Nisa (4:36) : « Et ne tuez pas la vie qu'Allah a rendue illégale, sauf en toute légalité. » Il est conseillé aux parents de faire preuve de sagesse et de patience pour guider leurs enfants, en employant des méthodes qui favorisent la compréhension et la croissance plutôt que la peur.

**Équilibrer l'autorité et la compassion :** L'éducation des enfants implique de trouver un équilibre entre l'autorité et la compassion. S'il est important de fixer des limites et d'appliquer des règles, il est tout aussi important d'aborder la parentalité avec empathie et compréhension. Le prophète Mahomet (sur lui la paix) a dit : « Celui qui ne fait pas preuve de miséricorde envers nos jeunes et ne reconnaît pas l'honneur dû à nos aînés n'est pas l'un des nôtres » (Abou Daoud). Cet équilibre contribue à créer un environnement stimulant dans lequel les enfants se sentent en sécurité et valorisés.

**Encourager les bons comportements :** Encourager les comportements positifs et récompenser les réussites peut motiver les enfants à suivre les enseignements de l'Islam et à développer de bonnes habitudes. Le prophète Mahomet (sur lui la paix et le salut) félicitait et encourageait souvent les enfants pour leurs bonnes actions, renforçant les comportements positifs par la reconnaissance et le soutien.

**Enseigner la responsabilité et l'obligation de rendre des comptes :** inculquer le sens des responsabilités et de la responsabilité est essentiel pour développer la maturité et l'autonomie des individus. Les parents doivent impliquer leurs enfants dans les processus de prise de décision et leur apprendre les conséquences de leurs actes. Le Coran déclare dans la sourate Al-Ankabut (29:69) : « Et ceux qui luttent pour Nous, Nous les guiderons certainement vers Nos sentiers. » Ce verset souligne l'importance de l'effort et de la responsabilité dans la recherche de conseils et de développement personnel.

**Maintenir des liens familiaux forts :** des liens familiaux forts sont essentiels au développement affectif et social d'un enfant. L'islam souligne l'importance d'entretenir des relations étroites avec les membres de la famille et de favoriser un environnement familial favorable. Le prophète Mahomet (sur lui la paix et le salut) a dit : « Les liens de parenté ne doivent pas être rompus, même par un simple mot de gentillesse » (Sahih al-Bukhari). Construire et entretenir des liens familiaux solides aide les enfants à se sentir en sécurité et soutenus.

**Promouvoir la santé et le bien-être :** Assurer la santé physique et le bien-être des enfants est un aspect essentiel de la parentalité. Cela implique de fournir des aliments nutritifs, d'encourager l'activité physique et de répondre rapidement aux problèmes de santé. Le prophète Mahomet (sur lui la paix et le salut) a encouragé une vie saine en déclarant : « Votre corps a un droit sur vous » (Sahih al-Bukhari). Les parents doivent donner l'exemple et promouvoir des habitudes saines pour soutenir le bien-être général de leurs enfants.

**Guider les enfants face aux difficultés :** Les enfants seront confrontés à divers défis au fur et à mesure de leur croissance. L'islam fournit des conseils sur la manière d'aider les enfants à surmonter les difficultés, notamment en faisant preuve de patience, en les encourageant et en recherchant ensemble des solutions. Le Coran conseille de rechercher l'aide et les conseils d'Allah dans les moments difficiles, comme le montre la sourate Al-Baqarah (2:286) : « Allah n'impose à aucune âme un fardeau supérieur à ce qu'elle peut supporter. »

**Favoriser une relation avec Allah :** Aider les enfants à développer une relation solide avec Allah est un aspect central de l'éducation des enfants en Islam. Les parents doivent enseigner à leurs enfants l'importance de la foi, de la prière et de la confiance en Allah. Le prophète Mahomet (sur lui la paix et le salut) a dit : « La première chose que vous devez apprendre à vos enfants est d'aimer Allah » (Sahih al-Bukhari). Encourager les actes d'adoration réguliers et inculquer un sens de la spiritualité aide les enfants à devenir des individus pieux et consciencieux.

**Encourager l'implication communautaire :** Impliquer les enfants dans les activités communautaires et les encourager à contribuer positivement à la société les aide à développer un sens des responsabilités et de l'empathie. Le Prophète Muhammad (sur lui la paix et le salut) a souligné l'importance du service communautaire et de l'entraide en disant : « Les meilleurs des gens sont ceux qui sont les plus utiles aux autres » (Sahih al-Bukhari).

**Gérer les conflits et la désobéissance :** Gérer les conflits et les cas de désobéissance exige de la patience et une communication efficace. Les parents doivent aborder les problèmes avec calme et équité, en cherchant à comprendre le point de vue de leurs enfants et en les guidant vers un comportement positif. Le Coran conseille de résoudre les conflits à l'amiable et avec compassion, comme le montre la sourate An-Nisa (4:128).

**Préparation à l'adolescence :** Préparer les enfants à l'adolescence implique de les guider pour qu'ils puissent surmonter les défis de la croissance tout en préservant les valeurs islamiques. Une communication ouverte, la confiance et le soutien sont essentiels pendant cette période de transition. Les parents doivent aborder les questions liées à l'identité, à la pression des pairs et au développement personnel avec sensibilité et compréhension.

**Réfléchir aux pratiques parentales :** Il est important de réfléchir à ses pratiques parentales et de chercher à s'améliorer continuellement pour être un parent efficace. L'islam encourage l'introspection et la croissance personnelle, aidant les parents à adapter leur approche pour répondre aux besoins évolutifs de leurs enfants. Le prophète Mahomet (que la paix soit sur lui) a dit : « Les meilleurs d'entre vous sont ceux qui sont les meilleurs pour leur famille » (Tirmidhi), soulignant l'importance de l'effort continu et de l'amélioration personnelle dans l'éducation des enfants.

En résumé, l'éducation des enfants en Islam implique une approche globale qui englobe l'amour, l'orientation, l'éducation et le soutien. En adhérant aux principes islamiques et en s'efforçant de fournir un environnement stimulant, les parents peuvent élever leurs enfants conformément aux valeurs et aux principes islamiques. En donnant l'exemple d'un bon comportement, en favorisant une relation solide avec Allah et en soutenant le développement de leurs enfants, les parents remplissent leur rôle de soignants et d'éducateurs, contribuant ainsi au bien-être et à la réussite de leur famille.

# Chapitre 25 : Les lois islamiques sur l'héritage

Les lois islamiques sur l'héritage constituent un aspect fondamental de la jurisprudence islamique, conçues pour garantir l'équité et la protection des droits des héritiers. Ces lois sont détaillées dans le Coran et les Hadiths et fournissent un cadre structuré pour la distribution de la succession d'un individu après son décès. Ce chapitre explore les principes, les règles et les aspects pratiques des lois islamiques sur l'héritage.

**Les fondements des lois islamiques sur l'héritage :** Les lois islamiques sur l'héritage sont principalement tirées du Coran, qui définit les parts spécifiques des héritiers. Ces lois visent à prévenir les conflits et à garantir que la succession du défunt soit distribuée d'une manière qui respecte les droits de tous les membres de la famille. Les versets coraniques sur l'héritage se trouvent principalement dans la sourate An-Nisa (4:7-12, 4:176), qui fournit des instructions claires sur la manière dont les successions doivent être divisées.

**Le principe d'équité :** L'un des principes clés du droit de succession islamique est l'équité, qui garantit que chaque héritier reçoit une part équitable de la succession. Le Coran souligne l'importance d'une répartition équitable, comme le montre la sourate An-Nisa (4:11), qui stipule : « Allah vous ordonne, au sujet de vos enfants, de donner à chaque garçon la part de deux filles. » Ce principe reflète un équilibre entre les responsabilités financières et les contributions de chaque héritier.

**Parts fixes pour les héritiers :** les lois islamiques sur l'héritage attribuent des parts fixes à des héritiers spécifiques, qui sont décrites dans le Coran. Ces parts sont basées sur la relation de l'héritier avec le défunt et comprennent :

1. **Parents :** Le père et la mère du défunt ont chacun une part

fixe de la succession. La mère reçoit généralement un sixième de la succession si le défunt a des enfants survivants, et un tiers s'il n'y a pas d'enfants.

2. **Conjoint :** Les parts du conjoint sont également fixes. L'épouse reçoit un quart de la succession si le défunt a des enfants, et un huitième s'il n'y a pas d'enfants. Le mari reçoit la moitié de la succession si le défunt n'a pas d'enfants, et un quart s'il y a des enfants.

3. **Enfants :** Les fils et les filles ont des parts spécifiques, les fils recevant généralement le double de la part des filles. Le Coran précise ces parts afin d'assurer une répartition équilibrée entre les héritiers mâles et femelles.

4. **Frères et sœurs :** si le défunt n'a pas d'enfants ni de parents, les frères et sœurs peuvent hériter. Les frères et sœurs ont des parts spécifiques en fonction de leur lien avec le défunt.

5. **Grands-parents et autres parents :** Les grands-parents et autres parents peuvent également avoir droit à des parts, en fonction de la présence de parents plus proches.

**Le rôle des legs (Wasiyyah) :** En plus des parts fixes, le défunt peut faire des legs (wasiyyah) à des non-héritiers ou pour augmenter les parts de certains héritiers. Cependant, le montant total alloué par le biais des legs ne peut pas dépasser un tiers de la succession. Les legs doivent être faits conformément aux principes islamiques et ne doivent pas entrer en conflit avec les parts fixes attribuées par les lois sur l'héritage.

**Dettes et obligations :** Avant de procéder à la répartition de la succession, il convient de régler toutes les dettes et obligations financières du défunt. Les lois islamiques sur l'héritage stipulent que les dettes ont priorité sur la répartition de la succession. Cela comprend le remboursement des dettes impayées, le règlement des obligations financières et le respect de tout autre engagement légal.

**Processus de répartition de la succession** : La répartition de la succession comporte plusieurs étapes :

1. **Règlement des dettes** : Toutes les dettes et obligations financières sont réglées en premier, garantissant que les responsabilités du défunt sont réglées avant toute distribution.

2. **Paiement des legs** : Après règlement des dettes, les legs faits par le défunt sont exécutés, à condition qu'ils ne dépassent pas le tiers de la succession.

3. **Répartition entre les héritiers** : Le reste de la succession est réparti selon les parts fixes décrites dans le Coran. Chaque héritier reçoit la part qui lui est attribuée en fonction de son lien de parenté avec le défunt.

4. **Gestion des litiges** : Des litiges relatifs à l'héritage peuvent survenir, notamment dans des situations familiales complexes. Les principes islamiques encouragent la résolution des litiges à l'amiable, souvent par la médiation ou l'arbitrage, conformément aux enseignements islamiques sur la justice et l'équité.

**Droits des femmes en matière d'héritage** : les lois islamiques sur l'héritage confèrent aux femmes des droits spécifiques, leur garantissant ainsi une part de l'héritage qui leur revient. Bien que la part des femmes puisse différer de celle des hommes, elles ont la garantie de recevoir une partie de l'héritage. Cela reflète le principe d'équité et reconnaît les responsabilités et les contributions financières des deux sexes.

**Héritage et contextes modernes** : Dans les contextes contemporains, l'application des lois islamiques sur l'héritage peut impliquer des considérations juridiques et pratiques. De nombreux pays disposent de cadres juridiques qui intègrent ou complètent les principes de l'héritage islamique. La compréhension et la navigation dans ces cadres peuvent aider à garantir que l'héritage est géré conformément aux lois islamiques et locales.

**Considérations pédagogiques et pratiques :** il est essentiel d'éduquer les individus sur les lois islamiques en matière d'héritage pour garantir que ces principes soient appliqués correctement. Cela comprend la compréhension des parts fixes, du rôle des legs et du processus de répartition de la succession. Des conseils pratiques et des orientations de la part d'érudits musulmans ou d'experts juridiques peuvent aider les individus à gérer efficacement les questions d'héritage.

**Réflexion sur les valeurs islamiques :** les lois islamiques sur l'héritage reflètent des valeurs islamiques plus larges de justice, d'équité et de respect des droits de la famille. En adhérant à ces principes, les individus honorent l'héritage du défunt et respectent les normes éthiques et juridiques établies par l'islam.

**Le rôle des érudits et des juristes musulmans :** Les érudits et les juristes musulmans jouent un rôle crucial dans l'interprétation et l'application des lois sur l'héritage. Ils fournissent des conseils sur les cas complexes, garantissent le respect des principes islamiques et aident à résoudre les litiges. Le recours à des professionnels compétents peut garantir que les questions d'héritage sont traitées correctement et équitablement.

En résumé, les lois islamiques sur l'héritage fournissent un cadre détaillé et équitable pour la répartition des biens d'un individu après son décès. En adhérant aux principes énoncés dans le Coran et les Hadiths et en tenant compte des considérations pratiques, les individus peuvent s'assurer que l'héritage est géré d'une manière qui respecte les droits de tous les héritiers et défend les valeurs islamiques. La compréhension de ces lois et la recherche de conseils en cas de besoin peuvent contribuer à une résolution juste et équitable des questions d'héritage.

# Chapitre 26 : S'adapter à une nouvelle identité culturelle

S'adapter à une nouvelle identité culturelle peut être l'une des expériences les plus profondes et les plus transformatrices pour les personnes qui se convertissent à l'islam. Adopter une nouvelle foi implique souvent de s'adapter non seulement aux enseignements religieux, mais aussi aux pratiques et normes culturelles associées. Ce chapitre explore le processus d'adaptation à une nouvelle identité culturelle, en abordant les défis, les opportunités et les stratégies pour intégrer les valeurs islamiques dans sa vie tout en préservant son authenticité personnelle.

**Accepter le changement et la transition :** se convertir à l'islam est un changement de vie important qui nécessite souvent une période d'adaptation. Cette transition implique plus que l'adoption de nouvelles pratiques religieuses ; elle implique un changement d'identité culturelle qui peut avoir des répercussions sur divers aspects de la vie quotidienne. Accepter ce changement avec un esprit et un cœur ouverts est essentiel pour une transition en douceur. Il est important de reconnaître et de respecter le processus de changement, en comprenant qu'il implique à la fois une croissance personnelle et une adaptation à de nouvelles normes culturelles.

**Comprendre les pratiques culturelles islamiques :** Chaque communauté musulmane peut avoir ses propres pratiques et traditions culturelles qui reflètent la diversité du monde islamique. La compréhension et le respect de ces pratiques peuvent aider les nouveaux musulmans à mieux s'intégrer dans leurs communautés. Il est bénéfique d'aborder ces pratiques avec curiosité et ouverture d'esprit, en cherchant à apprendre et à apprécier la riche mosaïque culturelle que recouvre l'islam.

**Équilibrer l'identité personnelle et les nouvelles normes culturelles :** L'un des principaux défis de l'adaptation à une nouvelle identité culturelle est de trouver un équilibre entre l'identité personnelle et les nouvelles normes culturelles. Il est important d'intégrer les valeurs islamiques dans sa vie tout en restant fidèle à ses croyances et préférences personnelles. Cet équilibre nécessite une réflexion approfondie sur la manière dont les nouvelles pratiques culturelles s'alignent sur les valeurs personnelles et sur la manière dont elles peuvent être intégrées de manière authentique.

**Établir des relations de soutien :** nouer des liens avec des personnes et des communautés qui vous soutiennent peut grandement faciliter la transition vers une nouvelle identité culturelle. S'engager auprès des communautés musulmanes locales, assister à des événements religieux et rechercher le mentorat de musulmans plus expérimentés peuvent apporter des conseils et un soutien précieux. Établir des relations avec d'autres personnes qui ont vécu des transitions similaires peut offrir des conseils pratiques et un soutien émotionnel pendant le processus d'adaptation.

**Gérer les différences culturelles :** En tant que nouveau musulman, gérer les différences culturelles peut être difficile, surtout si l'on vient d'un milieu culturel différent. Il est important d'aborder ces différences avec respect et ouverture, en reconnaissant que les enseignements islamiques sont universels, mais que les expressions culturelles de la foi peuvent varier. Accepter la diversité au sein de la communauté musulmane et rechercher un terrain d'entente peut favoriser un sentiment d'appartenance et de compréhension.

**S'adapter aux nouvelles normes sociales :** S'adapter aux nouvelles normes sociales est un aspect important de l'adoption d'une nouvelle identité culturelle. Cela peut impliquer des changements dans le comportement social, les styles de communication et les interactions avec les autres. Comprendre et s'adapter à ces normes sociales peut améliorer l'intégration et aider à éviter les malentendus. Il est utile d'observer et d'apprendre des comportements des autres membres de la communauté tout en restant fidèle à ses valeurs.

**Entretenir les relations avec la famille et les amis :** pour de nombreux nouveaux musulmans, entretenir des relations avec la famille et les amis issus de leur culture d'origine est un aspect important de la vie. Communiquer ouvertement et respectueusement sur sa nouvelle foi et ses nouvelles pratiques peut aider à combler les écarts et à favoriser la compréhension. Il est essentiel d'aborder ces conversations avec sensibilité et patience, en reconnaissant que les changements dans sa vie peuvent prendre du temps à être acceptés par les autres.

**Intégrer les pratiques islamiques à la vie quotidienne :** L'intégration des pratiques islamiques à la vie quotidienne implique l'adoption de nouvelles routines et habitudes conformes aux enseignements de l'islam. Cela comprend l'observation des prières quotidiennes, la pratique du jeûne pendant le ramadan et la participation à des activités caritatives. L'intégration progressive de ces pratiques dans la vie quotidienne peut contribuer à créer un sentiment de normalité et à faciliter la transition vers une nouvelle identité culturelle.

**Gérer ses attentes personnelles :** S'adapter à une nouvelle identité culturelle implique de gérer ses attentes personnelles et de se fixer des objectifs réalistes. Il est important de reconnaître que le processus de transition prend du temps et qu'il est normal de rencontrer des difficultés en cours de route. Faire preuve de patience envers soi-même et se fixer des objectifs atteignables peut aider à traverser cette période d'adaptation avec plus de facilité et de confiance.

**Adopter la croissance personnelle :** Le processus d'adaptation à une nouvelle identité culturelle peut également être un voyage de croissance personnelle et de découverte de soi. L'adoption de nouvelles pratiques et valeurs culturelles peut conduire à une meilleure compréhension de soi-même et à une plus grande appréciation de la diversité des expériences humaines. Cette période d'adaptation peut offrir des opportunités d'apprentissage, de réflexion et de développement spirituel.

**Recherche de connaissances et de conseils :** L'apprentissage continu et la recherche de connaissances sont essentiels pour s'adapter à une nouvelle identité culturelle. S'engager dans les enseignements islamiques, assister à des cours de religion et rechercher des conseils auprès de personnes bien informées peuvent aider à approfondir sa compréhension de la foi et de ses expressions culturelles. Cette quête continue de connaissances peut apporter clarté et soutien pendant le processus de transition.

**Célébrer l'intégration culturelle :** Adopter une nouvelle identité culturelle implique de célébrer les aspects positifs de l'intégration et de reconnaître la croissance qui l'accompagne. Reconnaître et apprécier les contributions des différentes pratiques culturelles peut enrichir l'expérience de la foi et créer un sentiment d'appartenance à la communauté. Célébrer les étapes et les réalisations de ce parcours peut favoriser une vision positive et renforcer le lien avec sa nouvelle identité culturelle.

**Équilibrer tradition et modernité :** Pour s'adapter à une nouvelle identité culturelle, il est important de trouver un équilibre entre les pratiques traditionnelles et la vie moderne. Cet équilibre implique d'intégrer les valeurs islamiques traditionnelles aux choix de vie contemporains d'une manière qui respecte les deux. Être attentif à la manière de maintenir cet équilibre peut aider à créer une intégration harmonieuse de la foi et de la vie quotidienne.

**Faire face aux défis avec résilience :** Le processus d'adaptation à une nouvelle identité culturelle peut présenter divers défis, notamment des incompréhensions culturelles, des pressions sociales et des doutes personnels. Il est essentiel de relever ces défis avec résilience et un état d'esprit positif. Rechercher le soutien de la communauté, prendre soin de soi et garder confiance dans le processus peuvent aider à surmonter les obstacles et faciliter une transition en douceur.

En résumé, s'adapter à une nouvelle identité culturelle implique d'accepter le changement, d'équilibrer l'identité personnelle avec les nouvelles normes culturelles et d'intégrer les valeurs islamiques dans la vie quotidienne. En établissant des relations de soutien, en gérant les différences culturelles et en gérant les attentes personnelles, les individus peuvent faire la transition vers leur nouvelle identité culturelle avec confiance et authenticité. Le parcours d'adaptation à une nouvelle identité culturelle est une opportunité de croissance personnelle, de compréhension plus profonde et de connexion plus étroite avec sa foi et sa communauté.

# Chapitre 27 : Naviguer entre les célébrations et les jours fériés

Pour un nouveau musulman, il est important de comprendre l'importance des fêtes islamiques, de les intégrer dans sa vie et de les équilibrer avec les traditions culturelles et familiales. Ce chapitre explore comment aborder les célébrations islamiques, gérer les interactions avec les fêtes non musulmanes et maintenir un mélange harmonieux de pratiques personnelles et communautaires.

**Comprendre les fêtes islamiques :** les fêtes islamiques, comme l'Aïd el-Fitr et l'Aïd el-Adha, revêtent une profonde signification religieuse et sont marquées par des pratiques et des traditions spécifiques. L'Aïd el-Fitr, qui suit le mois de Ramadan, est une occasion joyeuse célébrant la fin du jeûne. L'Aïd el-Adha, célébrée pendant le pèlerinage du Hajj, commémore la volonté du prophète Ibrahim (Abraham) de sacrifier son fils en obéissance à Allah. Comprendre la signification religieuse de ces fêtes aide les nouveaux musulmans à apprécier leur importance et à participer aux célébrations de manière significative.

**Célébration de l'Aïd el-Fitr :** L'Aïd el-Fitr est une célébration de gratitude et de joie après le mois de jeûne. Elle commence par une prière spéciale effectuée dans une mosquée ou un lieu de prière désigné, suivie d'un sermon. La journée est souvent consacrée à rendre visite à des amis et à la famille, à partager des repas et à offrir des cadeaux. Les nouveaux musulmans peuvent participer à ces traditions en se préparant à l'Aïd par une réflexion personnelle, en portant de nouveaux vêtements et en préparant ou en contribuant à des repas de fête. Participer aux prières communautaires et faire un don de charité, la Zakat al-Fitr, améliore encore davantage l'expérience de l'Aïd.

**Célébration de l'Aïd el-Adha :** L'Aïd el-Adha implique le sacrifice d'un animal, généralement un mouton, une chèvre, une vache ou un chameau, en souvenir de la dévotion du prophète Ibrahim. La viande est distribuée à la famille, aux amis et aux nécessiteux. Les nouveaux musulmans peuvent participer au sacrifice ou y contribuer d'une autre manière, par exemple en organisant le sacrifice en leur nom. La journée comprend généralement des prières, le partage de repas de fête et des moments passés avec leurs proches. La participation à ces pratiques contribue à renforcer l'importance du sacrifice et de la générosité dans l'islam.

**Équilibrer les fêtes non musulmanes :** Gérer les fêtes non musulmanes, surtout si elles sont célébrées au sein de la famille ou de la communauté, exige de la sensibilité et de l'équilibre. Bien que les enseignements islamiques n'imposent pas la participation aux fêtes non musulmanes, il est important de maintenir des relations respectueuses avec la famille et les amis. Cela peut impliquer de trouver un compromis, comme participer aux aspects laïques des célébrations sans compromettre les valeurs islamiques, ou simplement d'offrir ses vœux à ceux qui les célèbrent.

**Maintenir les traditions familiales :** Pour les nouveaux musulmans dont les membres de la famille célèbrent des fêtes non musulmanes, il est important de maintenir les traditions familiales tout en respectant les principes islamiques. Cela peut signifier participer à des réunions de famille d'une manière qui correspond à sa foi ou proposer d'organiser des célébrations alternatives qui reflètent les valeurs islamiques. Une communication ouverte avec les membres de la famille au sujet de ses nouvelles croyances et pratiques peut aider à trouver un terrain d'entente et à favoriser la compréhension mutuelle.

**Gérer les attentes culturelles :** Dans certaines cultures, les célébrations et les jours fériés sont associés à des attentes et des pratiques spécifiques. Les nouveaux musulmans peuvent être amenés à s'adapter à ces normes culturelles tout en intégrant leurs croyances islamiques. Pour trouver un équilibre entre les attentes culturelles et les principes islamiques, il faut établir des limites claires et être ouvert à la recherche de moyens de participer d'une manière conforme à sa foi. Cette approche permet de maintenir les liens culturels tout en respectant les engagements religieux.

**Créer de nouvelles traditions :** Adopter une nouvelle identité culturelle peut impliquer de créer de nouvelles traditions qui reflètent à la fois les valeurs islamiques et les préférences personnelles. Cela peut inclure l'organisation de rassemblements à thème islamique, la célébration des réalisations des membres de la famille ou le développement de pratiques uniques qui honorent les enseignements islamiques tout en y ajoutant une touche personnelle. La création de nouvelles traditions contribue à établir un sentiment d'appartenance et à renforcer l'identité islamique.

**Impliquer les enfants dans les célébrations :** Pour les nouveaux parents musulmans, impliquer les enfants dans les célébrations islamiques est essentiel pour inculquer un sentiment d'identité et d'appartenance religieuse. En enseignant aux enfants la signification de l'Aïd, en les impliquant dans les activités de préparation et en les encourageant à participer aux événements communautaires, on favorise une association positive avec les célébrations islamiques. Cette implication aide les enfants à comprendre et à apprécier les aspects culturels et religieux de leur foi.

**Gérer les attentes et les ajustements :** S'adapter à un nouvel ensemble de célébrations et de jours fériés implique de gérer les attentes et de faire preuve de souplesse. Il est important de reconnaître qu'il peut falloir du temps pour s'intégrer pleinement à de nouvelles traditions et pratiques. Faire preuve de patience envers soi-même et envers les autres pendant cette période de transition peut aider à surmonter les complexités de l'adaptation à un nouveau calendrier culturel et religieux.

**Rechercher le soutien de la communauté :** s'engager auprès de la communauté musulmane apporte un soutien précieux pendant les fêtes et les jours fériés. Les événements, rassemblements et activités communautaires offrent des occasions de se connecter avec les autres, de partager des expériences et de participer à des célébrations collectives. Demander conseil aux organisations islamiques locales ou aux dirigeants communautaires peut fournir des conseils pratiques et un soutien pour s'y retrouver dans les fêtes islamiques et non islamiques.

**Respecter les diverses pratiques :** Au sein de la communauté musulmane, les pratiques et les traditions liées aux célébrations peuvent varier en fonction des différences culturelles et régionales. Le respect de cette diversité tout en adhérant aux principes fondamentaux de l'islam contribue à favoriser un sentiment d'unité et d'inclusion. Comprendre et apprécier les différentes façons dont les musulmans célèbrent peut enrichir sa propre expérience et contribuer à un sentiment plus large de communauté.

**Équilibrer l'engagement personnel et communautaire :** Trouver un équilibre entre les célébrations personnelles et l'engagement communautaire est essentiel pour une expérience enrichissante. Participer à des événements communautaires et contribuer à des célébrations collectives enrichit la compréhension des traditions islamiques et renforce les liens avec les autres musulmans. En même temps, le maintien des pratiques et des traditions personnelles aide à préserver l'identité individuelle et le lien personnel avec la foi.

En résumé, pour vivre les fêtes et les jours fériés en tant que nouveau musulman, il faut comprendre les festivités islamiques, trouver un équilibre entre les pratiques personnelles et culturelles et s'engager de manière respectueuse dans les fêtes islamiques et non islamiques. En adoptant les célébrations islamiques, en préservant les traditions familiales et en créant de nouvelles pratiques, les nouveaux musulmans peuvent intégrer leur foi dans leur vie tout en honorant leur héritage culturel et en favorisant des relations positives avec les autres.

# Chapitre 28 : Intégration dans la communauté musulmane

L'intégration dans la communauté musulmane est un aspect essentiel de l'adoption d'une nouvelle foi. Elle implique de nouer des liens, de participer à des activités communautaires et d'établir un sentiment d'appartenance à la communauté. Ce chapitre explore les stratégies permettant de s'intégrer efficacement dans la communauté musulmane, notamment en nouant des relations, en participant à des activités communautaires et en surmontant les difficultés potentielles.

**Comprendre la dynamique communautaire :** La communauté musulmane est diverse et comprend des individus issus de milieux culturels, ethniques et socio-économiques variés. Comprendre cette diversité est essentiel pour une intégration efficace. Chaque communauté peut avoir ses propres pratiques, traditions et dynamiques sociales. Observer et apprendre ces dynamiques peut aider les nouveaux musulmans à s'intégrer en douceur et à établir des relations respectueuses.

**Établir des relations significatives :** établir des relations significatives au sein de la communauté musulmane est essentiel pour l'intégration. Cela implique de nouer des relations avec d'autres musulmans dans divers contextes, tels que les mosquées, les centres communautaires et les événements sociaux. Se présenter et participer aux conversations peut aider à établir des liens. Il est important d'aborder les interactions avec ouverture et respect, en reconnaissant la diversité au sein de la communauté et en recherchant un terrain d'entente.

**Participer aux activités communautaires :** La participation active aux activités communautaires est un moyen efficace de s'intégrer et de contribuer à la communauté. Cela peut inclure la participation aux prières à la mosquée, l'adhésion à des cercles d'études, la participation à des événements caritatifs et le bénévolat pour des projets communautaires. La participation à ces activités renforce non seulement les liens avec la communauté, mais offre également des occasions de contribuer positivement et de développer un sentiment d'appartenance.

**Rechercher des conseils et du soutien** : L'intégration dans une nouvelle communauté peut comporter des défis, et il peut être bénéfique de demander conseil à des musulmans plus expérimentés. Les mentors ou les dirigeants communautaires peuvent fournir des conseils, un soutien et des informations précieux sur les pratiques communautaires. Établir des relations avec ces personnes peut offrir des conseils pour s'orienter dans la communauté et répondre aux préoccupations ou aux questions qui peuvent survenir.

**Respecter les coutumes et traditions locales** : Chaque communauté musulmane peut avoir ses propres coutumes et traditions. Le respect et l'adaptation à ces pratiques locales sont importants pour une intégration harmonieuse. Cela implique de comprendre les nuances culturelles des événements communautaires, des normes sociales et des pratiques religieuses. Être attentif et respectueux de ces pratiques contribue à favoriser des relations positives et à démontrer une volonté de faire partie de la communauté.

**Surmonter les barrières linguistiques** : dans certaines communautés, la langue peut constituer un obstacle à l'intégration. Apprendre des phrases de base dans la langue locale et engager des conversations peut faciliter la communication et contribuer à combler les écarts. De nombreuses communautés proposent également des cours de langue ou un soutien aux nouveaux musulmans, ce qui peut aider à surmonter les barrières linguistiques et à améliorer la participation aux activités communautaires.

**Gérer les différences culturelles** : Si l'islam offre un cadre universel, les pratiques culturelles peuvent varier considérablement. Gérer ces différences exige sensibilité et ouverture d'esprit.

Comprendre que les expressions culturelles de la foi peuvent différer ne remet pas en cause les principes fondamentaux de l'islam. Accepter cette diversité et apprendre à apprécier les diverses pratiques culturelles au sein de la communauté musulmane peut enrichir son expérience et contribuer à un environnement plus inclusif.

**Participer à des événements sociaux et familiaux** : participer à des événements sociaux et familiaux au sein de la communauté musulmane peut aider à renforcer les liens et à s'intégrer plus profondément. Célébrer les fêtes islamiques, assister à des réunions de famille et participer à des repas en commun offrent des occasions d'interaction et de connexion. Ces événements offrent également l'occasion d'apprendre et de s'engager dans différents aspects de la culture et de la tradition islamiques.

**Maintenir sa foi et son identité personnelle** : Lors de l'intégration dans la communauté musulmane, il est important de maintenir sa foi et son identité personnelle. Équilibrer les croyances personnelles avec les pratiques communautaires permet de garantir que l'intégration reste authentique et respectueuse. Cet équilibre permet aux nouveaux musulmans de contribuer à la communauté tout en restant fidèles à leur cheminement spirituel individuel.

**Gérer les difficultés et les malentendus** : L'intégration peut s'accompagner de difficultés, comme des malentendus ou un sentiment d'incompréhension. Il est essentiel de relever ces défis avec patience et résilience. Une communication ouverte, la recherche de clarifications et le maintien d'une attitude positive peuvent aider à résoudre les problèmes et à faciliter une intégration plus harmonieuse. Le recours aux ressources de soutien communautaire, telles que les services de conseil ou de médiation, peut également aider à surmonter les difficultés.

**Favoriser un sentiment d'appartenance** : Pour développer un sentiment d'appartenance, il faut se sentir connecté et valorisé au sein de la communauté. Participer activement aux activités communautaires, nouer des amitiés et contribuer à des projets communautaires peut favoriser ce sentiment d'appartenance. Il est également important de reconnaître et de célébrer ses contributions à la communauté, car cela renforce une atmosphère positive et inclusive.

**Adopter la diversité communautaire :** La diversité au sein de la communauté musulmane offre de riches opportunités d'apprentissage et de croissance. Adopter cette diversité et nouer des liens avec des individus d'horizons différents peut élargir sa perspective et améliorer l'expérience d'intégration. Comprendre et apprécier les diverses expériences culturelles et personnelles au sein de la communauté peut conduire à un environnement plus inclusif et plus solidaire.

**Soutenir le développement communautaire :** Contribuer au développement et à la croissance de la communauté musulmane est un aspect important de l'intégration. Cela peut impliquer de participer ou de diriger des initiatives communautaires, de soutenir des projets locaux et de plaider en faveur de changements positifs. En s'engageant activement dans les efforts de développement communautaire, les nouveaux musulmans peuvent jouer un rôle important dans la création d'une communauté dynamique et prospère.

**Trouver un équilibre :** Il est essentiel de trouver un équilibre entre l'engagement communautaire et les engagements personnels pour maintenir le bien-être et éviter l'épuisement professionnel. Il est important de se fixer des objectifs réalistes en matière de participation communautaire et de veiller à ce que l'engagement soit en adéquation avec les besoins personnels et familiaux. Trouver cet équilibre permet de maintenir une expérience d'intégration positive tout en gérant d'autres aspects de la vie.

En résumé, l'intégration dans la communauté musulmane implique de nouer des relations, de participer à des activités communautaires et de s'adapter aux dynamiques culturelles. En s'engageant activement, en recherchant du soutien et en respectant les pratiques locales, les nouveaux musulmans peuvent créer des liens significatifs et contribuer positivement à leur communauté. Accepter la diversité au sein de la communauté et équilibrer les engagements personnels et communautaires enrichit encore davantage l'expérience d'intégration et favorise un sentiment d'appartenance.

# Chapitre 29 : Indépendance financière et travail

Parvenir à l'indépendance financière et s'orienter dans le monde du travail sont des aspects essentiels du développement personnel et de la stabilité, en particulier pour les nouveaux musulmans qui s'adaptent à leur nouvelle foi et à leur nouveau mode de vie. Ce chapitre explore la manière dont les nouveaux musulmans peuvent gérer leurs finances, rechercher un emploi intéressant et équilibrer leur vie professionnelle avec leurs engagements religieux.

**Comprendre l'indépendance financière** : L'indépendance financière signifie disposer de ressources financières suffisantes pour répondre à ses besoins sans dépendre d'un soutien extérieur. Pour les nouveaux musulmans, atteindre l'indépendance financière implique de comprendre les principes islamiques liés à la richesse, de s'assurer que les pratiques financières sont conformes à l'éthique islamique et d'élaborer des stratégies pour une stabilité financière à long terme.

**Principes financiers islamiques** : les principes financiers islamiques sont fondés sur l'équité, la transparence et l'interdiction de certaines pratiques telles que l'intérêt (riba), le jeu (maysir) et l'incertitude excessive (gharar). Le respect de ces principes garantit que les transactions financières sont conformes aux enseignements de l'islam. Les nouveaux musulmans doivent se familiariser avec ces principes pour prendre des décisions financières éclairées et rechercher des services financiers conformes à la loi islamique.

**Budgétisation et planification financière** : une budgétisation et une planification financière efficaces sont essentielles pour gérer les finances personnelles et atteindre l'indépendance financière. L'élaboration d'un budget implique le suivi des revenus, des dépenses et de l'épargne pour garantir que les ressources financières sont utilisées à bon escient. Les nouveaux musulmans peuvent tirer profit de la définition d'objectifs financiers, de l'élaboration d'un plan d'épargne et de la prise de décisions éclairées concernant les investissements et les dépenses.

**Gestion de la dette :** La gestion de la dette est un aspect essentiel de l'indépendance financière. L'Islam encourage à éviter les dettes excessives et à gérer les dettes existantes de manière responsable. Les nouveaux musulmans doivent s'efforcer de rembourser rapidement toute dette impayée et d'éviter de contracter de nouvelles dettes qui pourraient entraîner des difficultés financières. Si l'endettement est inévitable, le recours à des services de consolidation de dettes ou de conseil peut aider à gérer le remboursement plus efficacement.

**Investir dans le respect de la loi islamique :** Investir judicieusement est un élément clé pour parvenir à l'indépendance financière. La finance islamique offre diverses opportunités d'investissement conformes aux principes de la charia, telles que les actions halal, l'immobilier et les fonds communs de placement islamiques. Les nouveaux musulmans doivent rechercher et choisir des options d'investissement conformes aux valeurs islamiques, en veillant à éviter d'investir dans des secteurs ou des pratiques interdits.

**Trouver un emploi intéressant :** Trouver un emploi qui correspond aux valeurs islamiques et aux intérêts personnels est important pour la stabilité financière et l'épanouissement personnel. Les nouveaux musulmans doivent rechercher des opportunités d'emploi qui offrent un environnement de travail éthique, une rémunération équitable et le respect des pratiques religieuses. Il est également important de s'assurer que la nature du travail et les politiques de l'entreprise sont compatibles avec les principes islamiques.

**Concilier travail et obligations religieuses :** il est essentiel de concilier les responsabilités professionnelles et les obligations religieuses pour préserver le bien-être spirituel et professionnel. Les nouveaux musulmans doivent communiquer à leur employeur leurs besoins religieux, tels que les heures de prière et le respect du ramadan.

De nombreux lieux de travail proposent des aménagements ou des aménagements flexibles pour les pratiques religieuses, et un dialogue ouvert peut aider à trouver un équilibre qui favorise à la fois le travail et la foi.

**Réseautage et développement professionnel :** la création d'un réseau professionnel et la poursuite d'un développement professionnel continu peuvent améliorer les perspectives de carrière et la stabilité financière. Les nouveaux musulmans devraient participer à des activités de réseautage, assister à des événements sectoriels et rechercher le mentorat de professionnels expérimentés. Investir dans le développement des compétences et l'éducation peut ouvrir la voie à de nouvelles opportunités de carrière et aider à atteindre des objectifs financiers à long terme.

**Entreprenariat et travail indépendant :** L'entreprenariat offre une voie alternative vers l'indépendance financière pour ceux qui souhaitent créer leur propre entreprise. L'islam encourage l'entreprenariat comme moyen d'autosuffisance et de contribution à la communauté. Les nouveaux musulmans intéressés par l'entreprenariat doivent élaborer un plan d'affaires solide, rechercher un mentor et s'assurer que leurs pratiques commerciales sont conformes à l'éthique islamique.

**Considérations éthiques sur le lieu de travail :** Pour faire face aux dilemmes éthiques sur le lieu de travail, il faut adhérer aux valeurs islamiques d'honnêteté, d'intégrité et d'équité. Les nouveaux musulmans doivent respecter ces principes dans leur conduite professionnelle, éviter de se livrer à des pratiques contraires à l'éthique et chercher à créer un environnement de travail positif et respectueux. Il est essentiel de répondre à toute préoccupation éthique avec transparence et professionnalisme pour maintenir la confiance et la crédibilité.

**Gérer les difficultés financières :** les difficultés financières, telles que les dépenses imprévues ou les ralentissements économiques, peuvent avoir un impact sur la stabilité financière. Les nouveaux musulmans doivent se préparer à ces défis en constituant un fonds d'urgence, en réduisant les dépenses non essentielles et en demandant des conseils financiers en cas de besoin. Développer la résilience et l'adaptabilité face aux difficultés financières peut aider à gérer et à surmonter ces défis de manière efficace.

**Perspectives islamiques sur la richesse et la charité** : L'islam considère la richesse comme un don d'Allah et souligne l'importance de l'utiliser pour le bien. L'intégration des dons de charité (zakat) et des actes de bonté dans la planification financière renforce les valeurs islamiques et contribue au bien-être de la communauté. Les nouveaux musulmans devraient consacrer une partie de leurs revenus à des fins caritatives et rechercher des occasions de soutenir des causes qui correspondent à leurs valeurs.

**Planification de la retraite** : La planification de la retraite est un aspect important de l'indépendance financière. Les nouveaux musulmans devraient envisager des options d'épargne-retraite conformes aux principes islamiques, comme les comptes de retraite conformes à la charia. L'élaboration d'un plan de retraite implique de fixer des objectifs financiers à long terme, d'investir judicieusement et de s'assurer que l'épargne-retraite est gérée conformément aux enseignements islamiques.

**Éducation et culture financières** : il est essentiel d'améliorer ses connaissances financières pour prendre des décisions financières éclairées. Les nouveaux musulmans peuvent bénéficier de ressources éducatives, d'ateliers de planification financière et de consultations avec des conseillers financiers qui comprennent la finance islamique. L'acquisition de connaissances sur la gestion financière, les stratégies d'investissement et les finances personnelles peut permettre aux nouveaux musulmans de faire des choix financiers judicieux.

**Considérations juridiques et fiscales** : Il est important de comprendre les considérations juridiques et fiscales liées aux finances pour une gestion financière efficace. Les nouveaux musulmans doivent être conscients de leurs droits et obligations en matière de fiscalité, de lois sur l'héritage et de contrats juridiques. Demander conseil à des professionnels juridiques et fiscaux connaissant bien la finance islamique peut aider à aborder efficacement ces considérations.

En résumé, pour parvenir à l'indépendance financière et s'orienter dans le monde du travail, il faut comprendre les principes islamiques, établir un budget efficace, gérer la dette et tenir compte des considérations éthiques. En équilibrant travail et engagements religieux, en recherchant un emploi intéressant et en poursuivant une éducation financière, les nouveaux musulmans peuvent se construire un avenir financier stable et épanouissant tout en adhérant à leur foi. L'esprit d'entreprise, la gestion des défis financiers et l'intégration des dons de bienfaisance renforcent encore davantage l'indépendance financière et contribuent au bien-être personnel et communautaire.

# Chapitre 30 : Faire face aux critiques et à l'hostilité

Faire face aux critiques et à l'hostilité peut être particulièrement difficile pour les nouveaux musulmans, alors qu'ils doivent s'adapter à leur nouvelle foi tout en étant confrontés à des malentendus et à des oppositions potentielles de diverses sources. Ce chapitre explore des stratégies pour gérer les critiques et l'hostilité, maintenir la résilience et favoriser les interactions positives.

**Comprendre la source des critiques :** Les critiques et l'hostilité envers les nouveaux musulmans peuvent provenir de diverses sources, notamment des malentendus, de l'ignorance ou des préjugés sur l'islam. Comprendre les causes profondes de ces critiques peut aider à y répondre plus efficacement. Souvent, les critiques sont basées sur des idées fausses ou un manque de connaissances, qui peuvent être atténuées par l'éducation et un dialogue ouvert.

**Garder son sang-froid et sa patience :** faire face à la critique ou à l'hostilité exige de garder son sang-froid et sa patience. Répondre à la négativité avec calme et dignité reflète bien son caractère et renforce les principes de l'islam. La patience face à l'adversité est une qualité appréciée en islam, et gérer les critiques avec grâce peut aider à désamorcer les situations tendues et à promouvoir la compréhension.

**Engager un dialogue constructif :** Engager un dialogue constructif peut aider à résoudre les malentendus et à contrer l'hostilité. Face aux critiques, essayez de répondre avec des explications claires et respectueuses et de fournir des informations précises sur l'islam. Des conversations ouvertes et honnêtes peuvent dissiper les mythes et construire des ponts de compréhension. Il est important d'écouter activement et de répondre aux préoccupations sans se mettre sur la défensive.

**Éduquer les autres sur l'islam** : L'éducation est un outil puissant pour lutter contre la critique et l'hostilité. Partager des informations exactes sur les croyances, les pratiques et les valeurs de l'islam peut aider à contrer les stéréotypes et la désinformation. Participer à des programmes de sensibilisation communautaire, assister à des dialogues interreligieux et fournir des ressources éducatives peuvent contribuer à une compréhension plus éclairée et plus respectueuse de l'islam.

**Rechercher le soutien de la communauté musulmane** : Le soutien d'autres musulmans peut apporter force et encouragement face aux critiques et à l'hostilité. Le fait de se connecter avec une communauté solidaire offre un soutien émotionnel, des conseils pratiques et un sentiment de solidarité. Le dialogue avec des dirigeants ou des mentors de la communauté peut également fournir des conseils sur la gestion de situations spécifiques et le maintien de la résilience.

**Fixer des limites et protéger son bien-être personnel** : il est important de fixer des limites face à des critiques persistantes ou agressives. Pour protéger son bien-être personnel, il faut savoir reconnaître quand il est nécessaire de se désengager des interactions improductives ou nuisibles. Il est essentiel de donner la priorité à la santé mentale et émotionnelle, et il est important de faire appel à un soutien professionnel ou à des conseils pour gérer le stress et maintenir la résilience.

**Répondre par des actions positives** : démontrer les valeurs de l'islam par des actions positives peut contrecarrer les critiques et l'hostilité. S'engager dans des actes de bonté, de charité et de service communautaire illustre les enseignements de l'islam et peut influencer les autres de manière positive. En incarnant les principes de compassion et d'intégrité, les nouveaux musulmans peuvent remettre en question les idées fausses et favoriser une perception plus favorable de l'islam.

**Gérer l'hostilité dans les espaces publics** : face à l'hostilité dans les espaces publics, comme sur le lieu de travail ou dans les transports publics, il est important de rester calme et de gérer la situation avec sang-froid. Le signalement des incidents d'hostilité ou de discrimination aux autorités compétentes ou la recherche de soutien auprès de groupes de défense peuvent aider à résoudre ces problèmes. Il est essentiel de comprendre ses droits et les protections juridiques dont il dispose pour gérer efficacement l'hostilité.

**Développer sa résilience et prendre soin de soi** : Pour développer sa résilience face aux critiques et à l'hostilité, il faut développer des stratégies d'adaptation et prendre soin de soi. Participer à des activités qui favorisent la relaxation, la réflexion et la croissance personnelle peut aider à gérer le stress et à maintenir une attitude positive. La prière régulière, la méditation et le contact avec des personnes qui vous soutiennent peuvent également contribuer au bien-être émotionnel.

**Promouvoir la compréhension interconfessionnelle** : la participation à des initiatives et à des dialogues interconfessionnels peut favoriser la compréhension et le respect mutuels. En s'engageant auprès d'individus issus de confessions différentes, les nouveaux musulmans peuvent contribuer à combler les écarts et à lutter contre les idées fausses. Les efforts collaboratifs visant à promouvoir le dialogue interreligieux peuvent créer un environnement plus inclusif et plus respectueux.

**Faire face aux critiques intériorisées** : les critiques intériorisées, ou le doute sur soi-même découlant de critiques externes, peuvent avoir un impact sur la confiance en soi et le bien-être. Il est important de reconnaître et de gérer ces sentiments en réaffirmant sa foi et en recherchant le soutien de personnes de confiance. Se rappeler les aspects positifs de l'islam et de son parcours personnel peut aider à surmonter le doute sur soi-même.

**Équilibrer la confiance en soi et l'humilité** : pour répondre efficacement aux critiques, il est essentiel de trouver un équilibre entre la confiance en ses convictions et l'humilité. S'il est important de rester ferme dans sa foi et ses valeurs, aborder les critiques avec humilité et ouverture d'esprit peut conduire à des conversations plus productives et à un respect mutuel. Trouver cet équilibre permet de maintenir l'intégrité tout en favorisant des interactions positives.

**Apprendre des critiques constructives** : toutes les critiques ne sont pas hostiles ; certaines peuvent être constructives et apporter des informations précieuses. Faire la différence entre les critiques hostiles et constructives peut aider à utiliser le feedback pour améliorer sa compréhension ou sa pratique. Accepter les critiques constructives avec un esprit ouvert peut conduire à une croissance personnelle et à de meilleures réponses aux défis futurs.

**Tirer parti des expériences positives** : réfléchir à des expériences et des interactions positives peut être une source d'encouragement et de motivation. Partager des histoires de rencontres positives, de dialogues réussis et de relations de soutien peut renforcer le sentiment d'appartenance et d'objectif d'une personne. Célébrer ces expériences peut également servir à rappeler l'impact positif de sa foi.

**Plaidoyer pour le respect et la tolérance** : Promouvoir le respect et la tolérance au sein de sa communauté et au-delà peut contribuer à créer un environnement plus compréhensif et inclusif. Plaider pour un dialogue respectueux, remettre en cause les comportements discriminatoires et soutenir les politiques qui protègent les libertés religieuses contribuent à une société plus harmonieuse.

En résumé, pour faire face aux critiques et à l'hostilité, il faut comprendre leurs sources, garder son sang-froid, s'engager dans un dialogue constructif et rechercher le soutien de la communauté. En éduquant les autres, en répondant par des actions positives et en faisant preuve de résilience, les nouveaux musulmans peuvent surmonter ces défis de manière efficace. Adopter la compréhension interconfessionnelle, répondre aux critiques intériorisées et plaider pour le respect contribuent à une expérience plus positive et inclusive.

# Chapitre 31 : Voyager en tant que femme musulmane

Voyager en tant que femme musulmane implique un ensemble de considérations et de préparatifs uniques pour assurer à la fois le confort personnel et le respect des principes islamiques. Ce chapitre explore des conseils et des stratégies pratiques pour voyager tout en préservant les pratiques religieuses, la sécurité et le bien-être personnel.

**Planification et préparation :** une planification efficace est essentielle pour un voyage sans encombre. Commencez par faire des recherches sur votre destination pour comprendre les coutumes locales, le climat et les installations disponibles. Réfléchissez à la manière dont ces facteurs peuvent avoir un impact sur votre capacité à pratiquer l'islam, par exemple en trouvant des options de restauration halal, des lieux de prière et des hébergements adaptés. Il est essentiel de préparer un itinéraire détaillé et de s'assurer que tous les documents nécessaires, tels que les passeports et les visas, sont en règle pour un voyage sans tracas.

**Maintenir ses pratiques religieuses :** Pour pouvoir maintenir ses pratiques religieuses pendant son voyage, il faut se préparer à l'avance. Emporter un tapis de prière compact et une boussole Qibla ou une application mobile peut vous aider à trouver la direction de la prière. Il peut également être utile de rechercher à l'avance les mosquées ou les lieux de prière locaux. Pour jeûner pendant le ramadan ou observer d'autres devoirs religieux, planifiez à l'avance pour gérer votre emploi du temps et trouver un hébergement ou des repas adaptés.

**Choisir des vêtements appropriés :** s'habiller de manière modeste est un aspect important du voyage en tant que femme musulmane. Choisissez des vêtements qui respectent les directives islamiques tout en étant pratiques et confortables pour votre destination. Les tissus légers et respirants sont idéaux pour les climats chauds, tandis que les vêtements superposés peuvent offrir une certaine flexibilité dans les variations de température. En outre, pensez à emporter une gamme de tenues modestes adaptées à différents environnements et contextes culturels.

**Sécurité et sûreté** : il est essentiel de privilégier la sécurité et la sûreté lors de vos déplacements. Familiarisez-vous avec les consignes de sécurité locales et les avertissements de voyage pour votre destination. Gardez vos effets personnels en sécurité et soyez attentif à votre environnement, en particulier dans les zones inconnues. Il est également conseillé d'avoir des coordonnées d'urgence et un plan en place pour les problèmes potentiels, tels que la perte de documents ou les urgences médicales.

**Se déplacer dans les espaces publics** : lorsque vous voyagez, vous pouvez rencontrer différents niveaux d'acceptation et de compréhension des pratiques islamiques dans les espaces publics. Pour y remédier, abordez les interactions avec patience et respect. Si l'on vous pose des questions sur votre tenue vestimentaire ou vos pratiques, profitez-en pour éduquer et partager des informations sur l'islam. En cas de gêne ou de difficulté, recherchez le soutien des communautés ou organisations musulmanes locales.

**Trouver de la nourriture halal** : identifier les options de nourriture halal peut être une priorité lorsque vous voyagez. Recherchez les restaurants, les points de vente d'alimentation ou les marchés qui proposent de la nourriture halal dans votre destination. De nombreuses villes disposent de ressources en ligne ou d'applications qui répertorient les établissements halal. Si la nourriture halal n'est pas facilement disponible, pensez à emporter avec vous des collations ou des repas halal. Alternativement, trouver des options végétariennes ou à base de fruits de mer peut également être une alternative appropriée.

**Santé et hygiène** : il est essentiel de maintenir une bonne santé et une bonne hygiène pendant le voyage. Assurez-vous d'avoir une réserve suffisante de médicaments nécessaires et renseignez-vous sur les précautions sanitaires locales ou les vaccinations requises pour votre destination. Adoptez une bonne hygiène, en particulier lorsque vous voyagez dans des régions où les conditions sanitaires sont différentes, et pensez à emporter des articles de toilette de voyage conformes aux réglementations de l'aéroport.

**Choix d'hébergement** : Il est important de choisir un hébergement qui corresponde à vos besoins et préférences. Recherchez des hôtels ou des hébergements qui offrent des installations pour la prière, comme des salles de prière désignées ou un espace calme. Lors de la réservation, renseignez-vous sur leurs politiques concernant les pratiques religieuses des clients pour garantir un séjour confortable. Si vous séjournez chez des amis ou des membres de la famille, faites part de vos besoins à l'avance pour garantir une compréhension et un respect mutuels.

**Respect des coutumes locales** : il est essentiel de comprendre et de respecter les coutumes et les normes culturelles locales pour des interactions positives. Familiarisez-vous avec les codes vestimentaires locaux, l'étiquette sociale et toutes les lois pertinentes qui peuvent affecter votre expérience de voyage. Le fait de tenir compte de ces coutumes permet d'éviter les malentendus et de démontrer du respect pour la culture du pays d'accueil.

**Gérer la fatigue liée au voyage** : voyager peut être physiquement et mentalement épuisant. Pour gérer la fatigue liée au voyage, privilégiez le repos et les soins personnels. Prévoyez des pauses pendant les longs trajets et prévoyez du temps pour vous détendre à l'arrivée. Il est essentiel de rester hydraté, de manger des repas équilibrés et de dormir suffisamment pour maintenir son niveau d'énergie et son bien-être général.

**Gérer les situations imprévues** : La flexibilité et l'adaptabilité sont essentielles pour faire face aux situations imprévues en voyage. Soyez prêt à faire face aux changements de plans, comme les retards de vol ou les changements d'hébergement, et gérez-les avec patience. Avoir un plan d'urgence et rester calme face aux défis peut vous aider à surmonter les difficultés qui surviennent.

**Entrer en contact avec les communautés musulmanes locales** : nouer des contacts avec les communautés musulmanes locales peut améliorer votre expérience de voyage. Elles peuvent vous offrir des informations précieuses, des recommandations et un soutien pour trouver des services halal et des lieux de prière. Entrer en contact avec les musulmans locaux par le biais de mosquées, de centres communautaires ou de groupes sur les réseaux sociaux peut vous procurer un sentiment d'appartenance et d'assistance pendant votre séjour.

**Équilibrer vie privée et interaction sociale** : Il est important de trouver un équilibre entre vie privée et interaction sociale lorsque vous voyagez. Respectez les coutumes locales concernant les interactions entre les sexes et l'espace personnel, et communiquez clairement vos préférences. Si vous voyagez en groupe, assurez-vous que les dispositions prises tiennent compte à la fois de vos pratiques religieuses et de vos besoins sociaux.

**Documenter et réfléchir** : tenir un journal de voyage ou documenter vos expériences peut être un moyen précieux de réfléchir à votre voyage. Enregistrer vos observations, vos interactions et vos réflexions vous aide à traiter vos expériences et à conserver des souvenirs significatifs. De plus, partager vos expériences avec d'autres peut fournir des idées et de l'inspiration aux autres voyageurs musulmans.

**Retour à la maison et réflexion** : De retour à la maison, prenez le temps de réfléchir à votre expérience de voyage. Évaluez ce qui s'est bien passé et les points à améliorer. Réfléchir à votre voyage vous aide à planifier vos futurs voyages et à intégrer les expériences acquises dans votre vie quotidienne. Partager vos idées avec d'autres peut également contribuer à une meilleure compréhension du voyage en tant que femme musulmane.

En résumé, voyager en tant que femme musulmane implique une planification et une préparation minutieuses pour garantir le respect des pratiques religieuses, de la sécurité et du confort personnel. En comprenant et en respectant les coutumes locales, en trouvant des hébergements et des options de restauration adaptés et en gérant les défis du voyage avec souplesse, les nouveaux voyageurs musulmans peuvent vivre une expérience de voyage enrichissante et respectueuse. Équilibrer l'intimité avec l'interaction sociale, s'engager avec les communautés locales et réfléchir au voyage enrichit encore davantage l'expérience de voyage et contribue à la croissance personnelle.

# Chapitre 32 : Poursuivre votre éducation islamique

Poursuivre son éducation islamique est un parcours de toute une vie qui améliore la compréhension, renforce la foi et guide la croissance personnelle et spirituelle. Ce chapitre explore diverses méthodes et ressources pour approfondir vos connaissances de l'islam, maintenir votre engagement envers l'apprentissage et appliquer les enseignements islamiques à la vie quotidienne.

**Adopter l'apprentissage tout au long de la vie** : l'éducation islamique ne se limite pas à une période spécifique ; c'est un processus continu qui s'étend tout au long de la vie. Adoptez un état d'esprit d'apprentissage tout au long de la vie, en reconnaissant qu'approfondir votre compréhension de l'islam enrichit votre cheminement spirituel et vous aide à naviguer dans les complexités de la vie. Abordez l'apprentissage avec curiosité et un désir sincère de grandir dans la connaissance et la foi.

**Utiliser les méthodes d'apprentissage traditionnelles** : Les méthodes traditionnelles d'apprentissage de l'islam comprennent l'étude auprès d'érudits qualifiés, la participation à des conférences et à des cercles d'étude ou halaqas. Recherchez des érudits et des enseignants réputés qui proposent des cours ou des séminaires sur divers sujets islamiques. La participation à des cercles d'étude offre des opportunités de discussion, de réflexion et de compréhension plus approfondie des principes islamiques.

**Utiliser les ressources en ligne** : L'ère numérique offre une multitude de ressources en ligne pour l'éducation islamique. Explorez des sites Web réputés, des cours en ligne et des plateformes éducatives qui donnent accès à des conférences, des articles et des cours interactifs sur des sujets islamiques. Utilisez des plateformes telles que les universités islamiques en ligne, les conférences vidéo et les podcasts pour compléter votre apprentissage et vous tenir au courant des questions contemporaines.

**Lire la littérature islamique :** lire des livres et des articles universitaires est un bon moyen d'élargir vos connaissances. Commencez par des textes fondamentaux sur la théologie, la jurisprudence et l'histoire islamiques, puis explorez progressivement des sujets plus spécialisés. Essayez de lire des livres d'auteurs et d'universitaires réputés qui adhèrent à des sources authentiques de connaissances islamiques. Tenir à jour une liste de lectures et réserver régulièrement du temps pour la lecture peut vous aider à rester engagé dans une formation continue.

**Participer à des cours islamiques locaux :** de nombreuses mosquées et centres islamiques proposent des cours et des ateliers sur divers aspects de l'islam. Participez à ces opportunités éducatives locales pour acquérir des connaissances et vous connecter avec d'autres musulmans. Les cours peuvent couvrir des sujets tels que les études coraniques, les hadiths, l'histoire islamique et le développement personnel. Ces cours offrent un environnement structuré pour l'apprentissage et la discussion.

**Apprendre l'arabe :** la compréhension de la langue arabe peut considérablement améliorer votre éducation islamique, car elle permet un accès direct au Coran, aux Hadiths et aux textes islamiques classiques. Envisagez de vous inscrire à des cours d'arabe ou d'utiliser des applications d'apprentissage des langues pour améliorer vos compétences. Apprendre l'arabe enrichit non seulement votre étude des textes islamiques, mais facilite également une connexion plus profonde avec la langue du Coran.

**Appliquer les connaissances à la vie quotidienne :** l'éducation islamique est plus efficace lorsqu'elle est appliquée à la vie quotidienne. Efforcez-vous d'intégrer les enseignements et les principes que vous apprenez dans vos actions, vos décisions et vos interactions. Réfléchissez à la manière dont les enseignements islamiques guident votre comportement, vos relations et votre croissance personnelle. L'application des connaissances aide à vivre une vie conforme aux valeurs islamiques et contribue au développement personnel.

**S'engager dans la réflexion et l'auto-évaluation :** Réfléchissez régulièrement à votre parcours d'apprentissage et évaluez vos progrès. Évaluez dans quelle mesure vous intégrez les enseignements islamiques dans votre vie et identifiez les domaines dans lesquels vous pouvez encore progresser. L'auto-évaluation permet de reconnaître les réalisations, de relever les défis et de fixer de nouveaux objectifs d'apprentissage. Les pratiques réflexives contribuent à une compréhension plus approfondie et à une application plus significative des connaissances islamiques.

**Entrer en contact avec la communauté islamique :** s'engager auprès de la communauté islamique offre des possibilités supplémentaires d'apprentissage et de croissance. Participez à des événements communautaires, à des conférences et à des discussions pour obtenir des informations auprès des autres et partager vos propres expériences. Établir des liens avec d'autres musulmans qui sont également engagés dans l'apprentissage peut offrir du soutien, de la motivation et un sentiment d'appartenance.

**Explorer des perspectives diverses :** L'islam englobe une grande diversité de perspectives et d'interprétations. Explorez les différents points de vue de la recherche islamique pour acquérir une compréhension globale des différents aspects de la foi. L'engagement avec des perspectives diverses favorise une vision globale des enseignements islamiques et encourage la pensée critique et le dialogue respectueux.

**Fixer des objectifs et des priorités d'apprentissage :** Établissez des objectifs et des priorités clairs pour votre éducation islamique. Identifiez les domaines d'intérêt ou les sujets spécifiques que vous souhaitez approfondir et créez un plan pour atteindre ces objectifs. La définition d'objectifs atteignables permet de maintenir la concentration et la motivation dans votre parcours d'apprentissage. Révisez et ajustez régulièrement vos objectifs selon les besoins pour rester en phase avec vos aspirations éducatives.

**Intégrer l'éducation islamique dans la vie de famille :** Encouragez et soutenez l'éducation islamique au sein de votre famille. Partagez vos connaissances avec les membres de votre famille, participez à des séances d'étude communes et créez un environnement propice à l'apprentissage. L'intégration de l'éducation islamique dans la vie de famille renforce les liens familiaux et favorise un engagement commun envers la croissance personnelle et spirituelle.

**Rechercher des connaissances auprès de sources fiables :** Assurez-vous que les sources de connaissances que vous consultez sont fiables et conformes aux enseignements islamiques authentiques. Vérifiez les diplômes et les qualifications des universitaires et des plateformes éducatives pour éviter toute désinformation et toute mauvaise interprétation. En vous appuyant sur des sources fiables, vous garantissez que votre apprentissage repose sur de solides principes islamiques.

**Maintenir une approche équilibrée :** Équilibrez votre quête d'éducation islamique avec d'autres aspects de la vie, notamment le travail, la famille et le bien-être personnel. Évitez de vous surcharger et veillez à ce que vos activités éducatives complètent plutôt qu'entrent en conflit avec d'autres responsabilités. Une approche équilibrée favorise un apprentissage durable et un bien-être général.

**Utilisation des applications et de la technologie islamiques :** la technologie moderne offre une gamme d'applications et d'outils pour l'éducation islamique. Découvrez des applications qui donnent accès aux textes coraniques, aux recueils de hadiths, aux heures de prière et au contenu éducatif. L'utilisation de la technologie peut améliorer votre expérience d'apprentissage et vous offrir un accès pratique aux ressources islamiques.

En résumé, poursuivre votre éducation islamique implique d'adopter un apprentissage continu, d'utiliser des ressources traditionnelles et modernes et d'appliquer vos connaissances à la vie quotidienne. En vous engageant dans diverses méthodes d'apprentissage, en réfléchissant à vos progrès et en recherchant des sources fiables, vous contribuerez à une compréhension plus approfondie de l'islam. Équilibrer vos activités éducatives avec d'autres responsabilités de la vie et intégrer l'apprentissage dans la vie de famille enrichit encore davantage votre parcours et renforce votre foi.

# Chapitre 33 : Enseigner l'Islam à vos enfants

Enseigner l'islam à vos enfants est un aspect fondamental de leur développement spirituel et moral. Cela implique de leur transmettre les valeurs, les connaissances et les pratiques islamiques d'une manière engageante, significative et adaptée à leur âge. Ce chapitre explore des stratégies efficaces pour enseigner l'islam aux enfants, favoriser leur amour de la foi et les guider pour qu'ils deviennent des musulmans responsables et bien informés.

**Inculquer les valeurs islamiques dès le plus jeune âge :** Commencez à enseigner les valeurs islamiques dès le plus jeune âge en les intégrant dans la vie quotidienne. Les enfants apprennent en observant le comportement de leurs parents, alors montrez-leur les valeurs de gentillesse, d'honnêteté, de patience et de respect. Incorporez les enseignements islamiques dans les interactions quotidiennes, en insistant sur l'importance d'un bon caractère et d'un comportement éthique.

**Créer un environnement positif :** Favorisez un environnement positif et chaleureux pour l'enseignement de l'islam. Faites de l'apprentissage de l'islam une expérience agréable en utilisant des méthodes engageantes et interactives. Encouragez la curiosité et les questions sur la foi et fournissez des réponses réfléchies et adaptées à l'âge des enfants. Créer une atmosphère stimulante aide les enfants à développer un lien fort et positif avec l'islam.

**Présentation des croyances et pratiques de base :** Commencez par les bases des croyances et pratiques islamiques, notamment l'unicité d'Allah, des prophètes et l'importance du Coran. Présentez les cinq piliers de l'islam (Shahada, Salah, Zakat, Sawm et Hajj) d'une manière compréhensible et pertinente. Utilisez un langage simple et des exemples pour expliquer ces concepts et leur signification.

**Intégrer des histoires du Coran et des Hadiths :** utilisez des histoires du Coran et des Hadiths pour enseigner les principes et les valeurs de l'islam. Les récits sur les prophètes, leur vie et leurs défis peuvent être particulièrement percutants. Choisissez des histoires qui mettent en évidence des leçons morales et appliquez-les à des situations quotidiennes, aidant ainsi les enfants à comprendre la pertinence de ces enseignements dans leur propre vie.

**Encourager la prière et le culte réguliers :** Inculquez à vos enfants l'habitude de prier et de prier régulièrement en les impliquant dans les pratiques quotidiennes. Commencez par des prières simples et courtes et introduisez progressivement des prières plus complexes à mesure qu'ils grandissent. Créez une routine familiale qui comprend des moments de prière et de récitation du Coran, et encouragez les enfants à participer activement.

**Enseigner la récitation et la compréhension du Coran :** l'enseignement du Coran est un aspect central de l'éducation islamique. Initiez vos enfants à la récitation du Coran dès leur plus jeune âge, en utilisant des méthodes adaptées à leur âge, comme l'apprentissage par le biais de chansons ou d'applications interactives. Concentrez-vous à la fois sur la mémorisation et la compréhension des versets du Coran, en insistant sur leur signification et leur application à la vie quotidienne.

**Encourager les bonnes manières et l'étiquette :** l'enseignement des bonnes manières et de l'étiquette islamiques est essentiel pour façonner le comportement et les interactions des enfants. Insistez sur l'importance de dire « Bismillah » avant de manger, de montrer votre gratitude et de traiter les autres avec respect. Utilisez les situations de la vie quotidienne comme des occasions de renforcer l'étiquette islamique et d'encourager un bon comportement.

**Impliquer les enfants dans les activités communautaires :** impliquez vos enfants dans des activités et des événements communautaires pour les aider à se rapprocher de leur identité musulmane. La participation aux événements organisés dans les mosquées, aux festivals islamiques et aux activités caritatives permet de vivre des expériences concrètes des valeurs islamiques et de favoriser un sentiment d'appartenance à la communauté musulmane au sens large.

**Encourager la pensée critique et le questionnement :** encouragez vos enfants à poser des questions et à explorer leur compréhension de l'islam. Donnez-leur des réponses réfléchies et adaptées à leur âge et aidez-les à rechercher des informations auprès de sources fiables. Encourager la pensée critique aide les enfants à développer un lien plus profond et plus personnel avec leur foi.

**Équilibrer l'éducation religieuse et laïque :** Assurez un équilibre entre l'éducation religieuse et laïque. Soutenez vos enfants dans leurs études tout en renforçant les enseignements de l'islam. Aidez-les à comprendre comment les valeurs et les principes de l'islam peuvent guider leur comportement et leur prise de décision dans divers aspects de la vie, y compris leurs études et leurs interactions avec les autres.

**Modèle de comportement islamique :** les enfants apprennent par l'exemple, alors soyez un modèle de comportement islamique dans votre propre vie. Montrez-leur comment gérer les défis, les conflits et les situations quotidiennes conformément aux enseignements de l'islam. Vos actions et vos réactions sont de précieuses leçons sur la façon de vivre en tant que musulman pratiquant.

**Créer une routine spirituelle :** Établissez une routine spirituelle qui comprend des pratiques régulières telles que la lecture du Coran, la participation à des cours d'islam et des actes de culte. Encouragez les enfants à participer à ces activités dans le cadre de leur routine quotidienne ou hebdomadaire. Une routine spirituelle cohérente contribue à renforcer les enseignements islamiques et à construire une base solide de foi.

**Soutenir la croissance et le développement personnels :** Soutenez la croissance et le développement personnels de vos enfants en reconnaissant leurs forces et leurs intérêts uniques. Encouragez-les à poursuivre des activités et des loisirs qui correspondent aux valeurs islamiques et qui contribuent positivement à leur développement. Offrir des possibilités de croissance aide les enfants à se sentir valorisés et soutenus dans leur cheminement de foi.

**Aborder les difficultés et les doutes :** Abordez les difficultés ou les doutes que vos enfants peuvent avoir avec empathie et compréhension. Créez un environnement ouvert et sûr dans lequel ils se sentent à l'aise pour discuter de leurs préoccupations et demander conseil. Offrez-leur du soutien et du réconfort, et demandez de l'aide à des sources bien informées si nécessaire.

**Célébrer les étapes importantes de l'islam :** célébrez les étapes et les réalisations islamiques importantes dans la vie de vos enfants, comme la mémorisation de versets coraniques ou l'accomplissement de leur première prière. Reconnaissez leurs efforts et leurs réalisations par des éloges et des récompenses, renforçant ainsi les aspects positifs de leur développement spirituel.

**Promouvoir l'amour de l'islam :** Encouragez un véritable amour et un enthousiasme pour l'islam en rendant l'apprentissage agréable et significatif. Partagez la beauté et la sagesse des enseignements islamiques à travers des histoires, des activités et des discussions. Encouragez une attitude positive envers la foi et aidez les enfants à voir sa pertinence et son importance dans leur vie.

**Maintenir une communication ouverte :** Maintenir une communication ouverte avec vos enfants au sujet de leur foi et de leurs expériences. Prenez régulièrement contact avec eux pour discuter de leurs pensées, de leurs sentiments et de toute question qu'ils pourraient avoir. Une communication ouverte contribue à instaurer la confiance et garantit que les enfants se sentent soutenus et compris dans leur cheminement spirituel.

**Impliquer la famille élargie :** impliquez les membres de la famille élargie dans l'éducation islamique de vos enfants. Les grands-parents, les oncles et les tantes peuvent jouer un rôle de soutien en renforçant les enseignements islamiques et en fournissant des conseils supplémentaires. La création d'un réseau de membres de la famille qui vous soutiennent contribue à créer un environnement équilibré et favorable à la croissance spirituelle de vos enfants.

**Encourager l'engagement communautaire :** Encouragez vos enfants à contribuer à leur communauté par des actes de service et de charité. Les impliquer dans des projets communautaires et des opportunités de bénévolat les aide à comprendre l'importance de donner en retour et de contribuer au bien-être des autres.

**Révision et réflexion :** Révisez et réfléchissez régulièrement à votre approche de l'enseignement de l'islam à vos enfants. Évaluez ce qui fonctionne bien et identifiez les domaines à améliorer. Ajustez vos stratégies selon les besoins pour garantir que l'éducation islamique de vos enfants reste efficace et engageante.

En résumé, enseigner l'islam à vos enfants implique de créer un environnement positif et favorable, d'intégrer les valeurs islamiques dans la vie quotidienne et d'utiliser diverses méthodes éducatives. En donnant l'exemple, en encourageant la participation aux activités communautaires et en relevant les défis avec empathie, vous pouvez guider vos enfants dans le développement d'un lien fort et significatif avec leur foi. Équilibrer l'éducation religieuse et laïque, soutenir la croissance personnelle et favoriser une communication ouverte améliore encore leur développement spirituel et moral.

# Chapitre 34 : Questions de Fiqh privé pour les nouvelles femmes musulmanes

La compréhension des questions de droit privé de l'islam peut constituer une part importante du parcours d'une nouvelle musulmane. Le droit musulman, ou fiqh, aborde divers aspects de la vie quotidienne, notamment la conduite personnelle, les questions familiales et les responsabilités individuelles. Pour les nouvelles musulmanes, la compréhension et l'application correctes de ces principes peuvent les aider à intégrer leur nouvelle foi dans leur vie avec confiance et clarté.

**Comprendre la jurisprudence islamique :** le fiqh est l'étude et l'application de la loi islamique dérivée du Coran et du Hadith. Il fournit des lignes directrices sur la manière de vivre en accord avec les principes islamiques dans divers aspects de la vie. Pour les nouvelles musulmanes, acquérir une compréhension de base du fiqh est essentiel pour s'assurer qu'elles peuvent pratiquer leur foi correctement et résoudre les problèmes qui peuvent survenir.

**Hygiène personnelle et pureté rituelle :** L'un des aspects fondamentaux du fiqh pour les femmes concerne l'hygiène personnelle et la pureté rituelle. La loi islamique prescrit des pratiques spécifiques pour maintenir la propreté, notamment des prières régulières et l'état de pureté rituelle requis pour ces prières. Cela comprend la compréhension des règles du wudu (ablution), du ghusl (purification intégrale du corps) et des menstruations. Savoir comment accomplir correctement ces actes et comprendre leur signification est essentiel pour maintenir la propreté physique et spirituelle.

**Menstruations et saignements postnatals :** Les menstruations et les saignements postnatals (nifas) sont des aspects importants du fiqh qui affectent les pratiques religieuses quotidiennes d'une femme. Pendant les menstruations et les saignements postnatals, les femmes sont exemptées de certains actes d'adoration, tels que la Salah (prière) et le jeûne. Cependant, elles sont encouragées à s'engager dans d'autres formes d'adoration et de bonnes actions. Il est important de comprendre ces règles et de savoir comment gérer le culte pendant ces périodes pour maintenir l'observance religieuse.

**Pudeur et code vestimentaire** : les principes islamiques de pudeur influencent le code vestimentaire des femmes musulmanes. L'exigence de pudeur est souvent interprétée à travers le port du hijab ou d'autres formes de vêtements pudiques. Comprendre les différentes opinions et pratiques de la jurisprudence islamique concernant la pudeur peut aider les nouvelles musulmanes à faire des choix éclairés concernant leur tenue vestimentaire. L'objectif est de trouver un équilibre entre le confort personnel et le respect des directives islamiques sur la pudeur.

**Mariage et vie de famille** : le fiqh aborde également divers aspects du mariage et de la vie de famille. Pour les nouvelles musulmanes, il est essentiel de comprendre les principes islamiques du mariage, notamment les droits et les responsabilités des époux. Cela comprend la connaissance des exigences pour un contrat de mariage valide (nikah), les droits des femmes dans le mariage et les directives pour maintenir une relation conjugale saine et respectueuse.

**Divorce et séparation** : Dans les cas où le mariage ne fonctionne pas, il est important de comprendre les principes islamiques du divorce et de la séparation. Le fiqh fournit des directives sur les procédures de divorce (talaq), y compris la période d'attente (`iddah), les droits et responsabilités financières des deux parties et le processus de réconciliation. La connaissance de ces principes peut aider les nouvelles musulmanes à traverser les complexités du divorce avec un sentiment de clarté et de justice.

**Lois sur l'héritage** : les lois islamiques sur l'héritage font partie intégrante du fiqh et jouent un rôle crucial dans la détermination de la répartition des biens d'une personne décédée. Il peut être important pour les nouvelles musulmanes de comprendre les règles de l'héritage, notamment les parts attribuées aux différents membres de la famille, afin de gérer leur propre patrimoine ou de comprendre leurs droits en cas de décès d'un membre de la famille.

**Gestion financière personnelle** : la jurisprudence islamique fournit des conseils sur la gestion financière, notamment sur les principes liés au gain, aux dépenses et à l'épargne. Comprendre les concepts de halal (autorisé) et de haram (interdit) dans les transactions financières, comme les intérêts (riba) et les investissements contraires à l'éthique, peut aider les nouvelles musulmanes à gérer leurs finances d'une manière conforme aux principes islamiques.

**Santé et questions médicales** : Le fiqh aborde également les questions liées à la santé et aux questions médicales. Cela comprend la compréhension de la légalité des traitements médicaux, y compris ceux qui peuvent impliquer une modification du corps ou des changements importants dans le mode de vie. Pour les nouvelles musulmanes, savoir comment prendre des décisions éclairées concernant leur santé tout en adhérant aux principes islamiques est important pour maintenir le bien-être physique et spirituel.

**Implication communautaire et interaction sociale** : S'engager dans la communauté au sens large tout en adhérant aux principes islamiques implique de comprendre les limites de l'interaction entre les hommes et les femmes, de participer aux activités communautaires et de contribuer au bien-être de la société. Les nouvelles musulmanes doivent chercher des conseils sur la façon d'équilibrer leur participation aux activités sociales et communautaires tout en respectant les principes islamiques sur la pudeur et l'interaction.

**Aspirations scolaires et professionnelles** : il est important de trouver un équilibre entre les objectifs scolaires et professionnels tout en adhérant aux principes islamiques. Comprendre comment équilibrer les ambitions professionnelles avec les obligations religieuses, comme les heures de prière et la modestie, peut aider les nouvelles musulmanes à poursuivre leurs aspirations professionnelles tout en restant attachées à leur foi.

**Croissance spirituelle et développement personnel** : Le fiqh ne se résume pas à suivre des règles, mais concerne également la croissance personnelle et le développement spirituel. Les nouvelles musulmanes doivent chercher à approfondir leur compréhension des enseignements islamiques par le biais d'une éducation continue et d'une réflexion personnelle. Cela implique d'explorer les significations profondes des lois et des principes islamiques et de les appliquer pour améliorer son caractère et sa spiritualité.

**Répondre aux doutes et aux inquiétudes personnelles** : Il est naturel pour les nouvelles musulmanes d'avoir des doutes ou des inquiétudes sur certains aspects du fiqh. Chercher à s'informer auprès de savants qualifiés, participer à des cercles d'étude et s'engager dans des discussions avec des personnes bien informées peut aider à répondre à ces inquiétudes. Il est important d'aborder ces questions avec un esprit ouvert et une volonté d'apprendre.

**Maintenir une approche équilibrée** : Maintenir une approche équilibrée du fiqh implique d'intégrer les principes islamiques dans la vie quotidienne tout en tenant compte des circonstances personnelles et des réalités pratiques. Il est important pour les nouvelles musulmanes de rechercher des conseils à la fois éclairés et pratiques, en veillant à ce que leurs pratiques soient conformes aux enseignements islamiques et adaptées à leur situation personnelle.

**Rechercher du soutien et des conseils** : il peut être complexe de s'y retrouver dans les questions de fiqh privé, et il est essentiel de rechercher du soutien auprès de sources bien informées. Cela peut inclure la consultation de spécialistes, la participation à des cours et l'engagement auprès d'une communauté musulmane solidaire. L'accès à des conseils et à des ressources aide les nouvelles musulmanes à prendre des décisions éclairées et à pratiquer leur foi en toute confiance.

En résumé, aborder les questions de fiqh privé implique de comprendre et d'appliquer la jurisprudence islamique dans divers aspects de la vie personnelle. Pour les nouvelles musulmanes, cela comprend la gestion de l'hygiène personnelle, la compréhension des règles menstruelles et postnatales, le respect des règles de pudeur, la gestion des questions de mariage et de famille et la résolution des problèmes financiers et de santé. En recherchant des connaissances, en maintenant une approche équilibrée et en recherchant du soutien, les nouvelles musulmanes peuvent intégrer les principes islamiques dans leur vie de manière efficace et confiante.

# Chapitre 35 : Questions de Fiqh pour les nouvelles musulmanes liées à la prière et au jeûne

Pour les nouvelles musulmanes, il est essentiel de comprendre le fiqh (jurisprudence islamique) relatif à la prière et au jeûne pour pratiquer leur foi avec précision et confiance. Ces deux actes fondamentaux du culte, la Salah (prière) et le Sawm (jeûne), sont au cœur de la pratique islamique et ont des règles et des directives spécifiques qui doivent être suivies. Ce chapitre se penche sur les questions clés du fiqh entourant la prière et le jeûne, offrant des éclaircissements sur la manière d'observer correctement ces pratiques.

**Comprendre les bases de la Salah (prière) :** La Salah est l'un des cinq piliers de l'islam et est effectuée cinq fois par jour : Fajr, Dhuhr, Asr, Maghrib et Isha. Chaque prière a des heures spécifiques et il est essentiel de les accomplir dans les délais prescrits. Pour les nouvelles musulmanes, il est fondamental de comprendre les heures de chaque prière et la manière appropriée de les accomplir.

**Conditions préalables à la prière :** Avant d'effectuer la prière, certaines conditions préalables doivent être remplies :

1. **Pureté rituelle :** La prière requiert une pureté rituelle, qui s'acquiert par le Wudu (ablutions). En cas d'impureté majeure, comme après les règles ou un accouchement, le Ghusl (purification complète du corps) est nécessaire. Les nouvelles musulmanes doivent apprendre à effectuer correctement le Wudu et le Ghusl et à comprendre les règles qui s'y rapportent.

2. **Vêtements et lieu de prière propres :** Les vêtements portés pendant la prière doivent être propres et couvrir la 'awrah (les parties du corps qui doivent être couvertes). Le lieu de prière

doit également être propre et exempt d'impuretés. Le respect de ces conditions permet de maintenir la validité de la prière.

**Orientation vers la Qibla :** pendant la prière, les musulmans doivent s'orienter vers la Qibla, la direction de la Kaaba à La Mecque. Les nouvelles musulmanes doivent apprendre à déterminer la Qibla, ce qui peut se faire à l'aide d'une boussole, d'outils en ligne ou d'applications qui fournissent la direction en fonction de leur localisation. Orientation vers la Qibla est une condition fondamentale pour la validité de la prière.

**Le rôle des menstrues et des saignements post-partum :** Pour les femmes qui ont leurs règles ou des saignements post-partum, il existe des règles spécifiques liées à la prière. Pendant ces périodes, les femmes sont dispensées d'accomplir les prières quotidiennes. Cependant, elles doivent continuer à s'adonner à d'autres formes d'adoration, comme faire des invocations (Du'a) et accomplir de bonnes actions. Après la fin des menstrues ou des saignements post-partum, les femmes doivent faire le ghusl avant de reprendre la prière.

**Combiner les prières :** Dans certaines circonstances, il est permis de combiner les prières. Cela est particulièrement vrai pour les femmes qui peuvent avoir des difficultés à effectuer les prières à l'heure prévue pour diverses raisons telles que le travail ou les voyages. La combinaison des prières peut être effectuée entre Dhuhr et Asr ou entre Maghrib et Isha. Comprendre quand et comment combiner les prières peut offrir une certaine flexibilité tout en respectant les pratiques islamiques.

**Le jeûne (Sawm) pendant le Ramadan :** Le jeûne pendant le mois de Ramadan est un acte d'adoration important et l'un des cinq piliers de l'islam. Il implique de s'abstenir de nourriture, de boisson et d'avoir des relations conjugales de l'aube au coucher du soleil. Pour les nouvelles musulmanes, il est essentiel de comprendre les règles et les directives du jeûne pour garantir sa validité et son efficacité.

**Exemptions du jeûne :** Il existe des exemptions spécifiques au jeûne pour certaines personnes. Il s'agit notamment de :

1. **Menstruations et saignements post-natals :** Les femmes qui ont leurs règles ou qui ont des saignements post-natals sont exemptées du jeûne. Elles doivent rattraper les jeûnes manqués plus tard, lorsqu'elles en ont la possibilité.

2. **Grossesse et allaitement :** Les femmes enceintes ou qui allaitent et qui s'inquiètent pour leur santé ou celle de leur bébé peuvent également être exemptées du jeûne. Elles doivent consulter une personne compétente ou un professionnel de la santé pour déterminer la meilleure marche à suivre et rattraper les jeûnes manqués plus tard ou fournir une fidyah (compensation) si nécessaire.

**Intention correcte et Souhour :** Pour que le jeûne soit valide, il doit être fait avec une intention correcte (niyyah). L'intention de jeûner doit être formulée avant le Fajr (aube) chaque jour du Ramadan. Le Souhour, le repas d'avant l'aube, est fortement recommandé et fournit de la nourriture et des forces pour la journée de jeûne. C'est une Sunnah (pratique louable) de prendre le Souhour, même s'il ne s'agit que d'une petite quantité de nourriture.

**La rupture du jeûne (Iftar) :** Le jeûne est rompu au coucher du soleil par l'Iftar, un repas traditionnellement initié par la consommation de dattes et d'eau. Il est important de rompre le jeûne rapidement au coucher du soleil, puis d'accomplir la prière du Maghrib avant de poursuivre avec le repas de l'Iftar. La pratique de l'Iftar met l'accent sur la gratitude et la fraternité.

**Gérer les problèmes de santé :** Pour les nouvelles musulmanes, il est important de gérer les problèmes de santé pendant le jeûne. Si le jeûne présente un risque important pour la santé, comme une maladie chronique ou une déshydratation sévère, les femmes doivent consulter un médecin. Dans de tels cas, des alternatives comme fournir une fidyah ou rattraper les jeûnes manqués plus tard peuvent être appropriées.

**Expiation pour les jeûnes manqués :** Si une femme manque un jeûne pour des raisons valables telles qu'une maladie ou une grossesse, elle est généralement tenue de le rattraper ultérieurement. Dans les cas où le jeûne n'est pas possible, comme en cas de maladie chronique, une fidyah (nourrir les pauvres) peut être exigée en guise de compensation.

**Rattrapage du jeûne manqué :** Après le Ramadan, tout jeûne manqué pour des raisons valables doit être rattrapé avant le Ramadan suivant. Les femmes qui se convertissent à la religion musulmane doivent prévoir de rattraper ces jeûnes manqués le plus tôt possible pour s'acquitter de cette obligation. Si les jeûnes manqués ne sont pas rattrapés avant le Ramadan suivant, ils doivent être compensés par une fidyah.

**Maintenir la concentration spirituelle :** Pendant le Ramadan et tout au long de l'année, il est essentiel de maintenir la concentration spirituelle. Le jeûne ne consiste pas seulement à s'abstenir de besoins physiques, mais aussi à grandir spirituellement, à faire preuve d'autodiscipline et à accroître sa dévotion. S'engager dans des activités d'adoration supplémentaires, réciter le Coran et faire des duas sont des moyens d'améliorer les bienfaits spirituels du jeûne.

**Gérer les circonstances particulières :** Des situations telles qu'un voyage ou une maladie peuvent affecter la capacité d'une personne à jeûner ou à prier comme d'habitude. L'islam offre une certaine souplesse dans de tels cas, en permettant des ajustements tels que la combinaison des prières ou la rupture du jeûne. Comprendre comment gérer ces circonstances particulières conformément aux enseignements de l'islam aide à maintenir la foi et la pratique même dans des situations difficiles.

**Équilibrer la prière et le jeûne avec la vie quotidienne :** Intégrer les pratiques de prière et de jeûne dans la vie quotidienne nécessite une planification et un équilibre minutieux. Les nouvelles musulmanes doivent gérer leur emploi du temps pour tenir compte des heures de prière et des exigences de jeûne tout en s'acquittant d'autres responsabilités telles que le travail, la famille et les engagements personnels. La planification et l'organisation peuvent aider à garantir que les devoirs religieux sont respectés sans causer de stress excessif.

**Recherche de connaissances et de soutien :** Il est important de se renseigner en permanence sur le fiqh relatif à la prière et au jeûne. Les nouvelles musulmanes doivent s'informer auprès de savants qualifiés, suivre des cours d'islam et s'engager auprès de communautés musulmanes qui les soutiennent. L'accès à des informations fiables et la recherche de conseils peuvent aider à répondre à toutes les préoccupations ou questions qui se posent.

En résumé, il est essentiel que les nouvelles musulmanes comprennent les questions de fiqh liées à la prière et au jeûne afin de pratiquer leur foi avec précision et confiance. Cela comprend la connaissance des conditions préalables à la prière, la gestion des menstruations et des saignements post-natals, la compréhension des règles du jeûne et la prise en compte des problèmes de santé ou des exemptions. En recherchant la connaissance, en équilibrant les pratiques religieuses avec la vie quotidienne et en maintenant une concentration spirituelle, les nouvelles musulmanes peuvent remplir leurs obligations religieuses tout en favorisant leur croissance spirituelle.

# Conclusion

Embrasser l'islam en tant que nouvelle musulmane est un voyage profond et transformateur qui touche tous les aspects de la vie. Ce livre a exploré 35 sujets essentiels conçus pour guider et soutenir les nouvelles musulmanes dans leur nouvelle foi, en abordant à la fois les aspects spirituels et pratiques de leur vie. De la compréhension des principes fondamentaux de l'islam, tels que la croyance en Allah et l'adhésion au Coran et à la Sunnah, à la gestion des nuances de la vie quotidienne, y compris les relations avec la famille et les amis non musulmans, le mariage, la parentalité et le développement personnel, ce guide vise à fournir une ressource complète.

L'un des thèmes les plus importants de ce livre est l'importance de construire une relation personnelle avec Allah. Cette connexion est le fondement de la foi islamique, offrant des conseils, de la force et de la paix pour affronter les complexités de la vie. Que ce soit par la prière, le jeûne ou la recherche de la connaissance, le cheminement vers l'approfondissement de la foi est un effort de toute une vie qui exige de la patience, du dévouement et un cœur ouvert.

L'autre point important est la compréhension et l'application de la jurisprudence islamique (fiqh) dans la vie quotidienne. Pour les nouvelles musulmanes, il est essentiel d'apprendre à accomplir correctement les prières, à jeûner pendant le ramadan et à gérer d'autres obligations religieuses. Ces connaissances permettent non seulement de garantir que les pratiques religieuses sont menées correctement, mais aussi d'inculquer la confiance et un sentiment d'appartenance à la communauté musulmane au sens large.

La gestion des relations, que ce soit avec un mari, une famille ou des amis non musulmans, est également un sujet important. La transition vers l'islam peut entraîner des difficultés dans ces domaines, mais avec de la patience, de la communication et de la compréhension, ces relations peuvent être maintenues et même renforcées. Les principes de compassion, de respect et de gentillesse que prône l'islam sont universels et peuvent servir de passerelle dans les relations interconfessionnelles.

De plus, ce livre a abordé l'importance de la communauté. Créer des liens au sein de la communauté musulmane, trouver du soutien et contribuer au bien-être collectif sont essentiels à la croissance personnelle et au sentiment d'appartenance. L'islam n'est pas seulement une foi personnelle, mais une foi communautaire, où le soutien et les expériences partagées jouent un rôle crucial dans le cheminement spirituel d'un individu.

Les défis liés à l'équilibre entre l'identité culturelle, la critique et les idées fausses sur l'islam sont également des réalités auxquelles les nouvelles musulmanes peuvent être confrontées. Cependant, avec des connaissances, de la confiance et un solide réseau de soutien, ces défis peuvent être relevés avec résilience et grâce. Comprendre que le cheminement vers l'intégration et la confiance en soi d'une femme musulmane est un processus continu peut aider à atténuer la pression de devoir « tout faire correctement » immédiatement.

En conclusion de ce livre, il est essentiel de reconnaître que le parcours de chaque nouvelle musulmane est unique. Les expériences, les défis et les victoires varient d'une personne à l'autre, mais le cœur de l'islam - la soumission à Allah et une vie conforme à Ses directives - reste constant. Embrasser ce chemin avec sincérité, rechercher la connaissance et s'efforcer continuellement de grandir personnellement et spirituellement mènera à une vie islamique épanouissante et pleine de sens.

Ce livre n'est pas une fin en soi, mais plutôt un compagnon de voyage. Les nouvelles musulmanes sont encouragées à continuer d'apprendre, à rechercher des ressources et à s'engager auprès de leurs communautés. L'islam est un voyage de toute une vie, fait de croissance, de compréhension et d'approfondissement de la foi. Que ce livre serve de guide utile et de source d'inspiration pour continuer votre chemin

en tant que femme musulmane, en naviguant dans le monde
magnifique et multiforme de l'islam.

147